最強のチームをつくる 10の鉄則

チームづくりから部下育成までの職場リーダー学

久保田康司 著

セルバ出版

はじめに

「今日から君がリーダーとしてチームの先頭に立ってメンバーをまとめてくれ」

あなたの上司から突然こんなことを言われました。さあ、あなたはどうしますか。

「わかりました。お任せください」と言ったものの、何をどのようにすればよいのかさっぱりわかりません。

チームの先頭に立ってメンバーをまとめるとは何をしたらよいのでしょうか。マネジメントやリーダーシップなどの言葉を聞いたことはあるものの、いざ自分がその立場になるとよくわからないものです。実はあなたの上司もしっかり理解していないこともあります。

マネジメントやリーダーシップなどの本を読もうと思って書店に行っても、色々な本があって何を選んだらよいかもわかりません。

また、部下・後輩を育成するとはどういうことでしょうか。そもそも多くの方が人を育てる方法など習ったことはないと思います。学生時代に「人の育て方」などという授業などありません。ただし、人を育成する経験がなかったとしても、「育成される経験」はしてきました。私たち自身も会社に入ったときは誰かに育成されてきたのです。つまり、私たちの上司や先輩から受けた指導方法が身に沁みついてしまい、それが正しいと思い込んでいるのです。

ひと昔前に私たちが受けてきた育成の方法が、今も通用するかといえば、決してそんなことはありません。最近の若い人に対して、昔ながらの方法を押しつけると、育成どころか相手を潰してしまうことにもなりかねません。部下や後輩を持つ前に、人材育成の基本を学ぶ必要があります。

本書はそんな方のために書いた1冊です。本書の対象はタイトルにあるように職場リーダーですが、この言葉がカバーする範囲はとても広く、多くの方に読んでもらうことを意識しています。これから後輩を持つことになる若手社員から、すでに後輩を持って責任のある仕事をしている中堅社員、管理職になる前の方やすでに管理職のポジションにある方まで多くの方に読んでいただくことができます。

実は私自身も同じような経験をしたのです。私の場合、なぜか自分に自信があり、リーダーとしてチームの先頭に立ってメンバーをまとめることなど簡単にできると思っていたのです。ところが、実際にその立場になってみると、どうも上手くいかないのです。我流でチームをマネジメントしたり、リーダーシップを発揮しようと思っても、それは〝自分自身〟にしか通用しないのです。では、どんな企業でも、誰に対しても通用する方法はあるのでしょうか。本書はそれにできるだけ応えるために書きました。

私は社会人になってカネボウに入社しました。当時は鐘紡と漢字で書いていた時代です。私が入社した直後にバブルが崩壊し、多くの企業がどん底に陥ってしまいました。鐘紡も同じく苦しい状況にいました。そのような時代背景もあり、社員教育などはほとんどなく、新入社員研修以外、年間にわたって社員研修を受けたことがありませんでした。

では、自分で自己啓発をしてきたかというと、マネジメントやリーダーシップ、部下育成などの勉強など全くやりませんでした。そんな私がいきなりリーダーだと言われても、何をどうやればよいのかなどわかるはずはありません。

その後、ユー・エス・ジェイやSMBCコンサルティングという会社での経験を通じて徐々に理解することができました。また会社だけではなく、大学院でもマネジメントやリーダーシップの勉強をしてきました。大学院で学ぶマネジメントやリーダーシップはとても勉強になりました。自分が意識をせずにやっていることや全く知らなかったことが、理論として体系立てて整理されているのです。ただし、経営管理論・人的資源管理論・組織行動論などの理論は難しく、それらの理論だけを学んでも実務に活かせないと意味がありません。理論は現場で活かされてはじめて意味があるのです。

私は現在、独立して人材育成のコンサルティングや研修などの仕事をしています。多くの企業様から色々なご相談をいただくのですが、圧倒的に多いご相談内容は本書のテーマです。

私はマネジメント、リーダーシップ、部下育成、コーチング、ファシリテーション、褒め方叱り方など様々な研修をするのですが、これらの膨大な研修の内容をコンパクトにお伝えすることができないかと考えてきました。今回、ご縁をいただき、これらの内容をお伝えする機会に恵まれたのです。

本書は、私のようにリーダーになってから何をすればよいかわからず、苦労をする人が出ないように書かれた本です。この1冊を読めば、マネジメントやリーダーシップ、部下育成などの職場のリーダーが最低限知っておくべきことを学ぶことができます。

基本的には第1章から読み進めてもらうように書いてありますが、関心がある章から読んでいただいても十分理解できるような構成になっています。

本書が1人でも多くのリーダーのお役に立てることを願っております。

２０１８年1月

久保田　康司

最強のチームをつくる10の鉄則―チームづくりから部下育成までの職場リーダー学　目次

第3章 メンバー同士の関係を深め、お互いの協働意識を高めるには

第4章 チームが機能する報連相

第5章 チームリーダーに求められるリーダーシップ

第6章 メンバーのやる気を高める

第7章 チームリーダーは次のリーダーを育てる

第8章　部下を育成するコミュニケーションスキル

第9章　部下を褒めて育成する

第10章　部下を叱って育成する

第1章

単なる集まりを
相乗効果を生み出す
「チーム」に変えるには

1　そもそも組織とは何か

組織の意味

私たちは普段から組織という言葉をよく使います。「うちの会社は組織がなってない」「組織を立て直さなければならない」などはしょっちゅう耳にします。

では、いったい組織とは何のことを指すのでしょうか。そう質問をされると意外とすぐに答えられないものです。

そもそも組織とはどういう意味を持つのでしょうか。組織という漢字を分解してみますと、「織」は、縦糸と横糸を組み合わせて「布」に織り上げるという意味があります。つまり、糸は縦だけでも横だけでも布にはならないのです。縦糸と横糸がきちんと織り上げられることで、綺麗な「織物」に仕上がります。「組」はもちろん、組合せるという意味です。

つまり、糸をいかに組み合わせるかが問われるわけです。糸の組合せがしっかりしていると、見た目も綺麗でとても丈夫な布になりますし、糸の組み合わせがしっかりしていないと、見た目も悪くすぐに穴が開いて破れてしまうような布になってしまいます。

このように考えると組織は、次のように置き換えることができます。「糸」は「人」です。糸には様々な種類があります。太くて丈夫な糸もあれば、細くてすぐにちぎれる糸もあります。人も同様に様々な性格や個性があり、打たれ強い人もいれば、すぐにくじける人もいます。つまり、多種多様な人を活かすために適切に組み合わせるのが組織であるといえます。

「組織は人なり」といいますが、まさに人がなければ布はつくれないのです。「布」は縦糸と横糸の組み合わせです。縦糸と横糸の組合せ次第で様々な織柄ができるように、人と人をどのように組み合わせるかによって、強靭な組織になることもあれば、すぐに壊れてしまう組織になることもあります。

組織図

布を織るときに思いついたまま適当に糸を組合せてよいかというと、そんなことはありません。必ず事前に図面を作成しなければなりません。組織も同じくこの図面が必要です。この図面にあたるのが組織図です。組織図は企業の目的を達成するために、しっかりと事前に検討されなければなりません。組織ができてからほころびが出る場合は組織のどこが悪いのか検討する必要があります。組織図を描くためにはどのような組織の種類があるのか知る必要があります。代表的なものは、①機能別組織、②事業部制組織、③マトリックス組織です（図表１～３）。

①機能別組織は経営トップの下に営業部、人事部、経理部など機能（職能）ごとに組織が構成されます（図表１）。

②事業部制組織は経営トップの下に、製品別、地域別、ブランド別などに組織が構成され、その

〔図表１　機能別組織〕

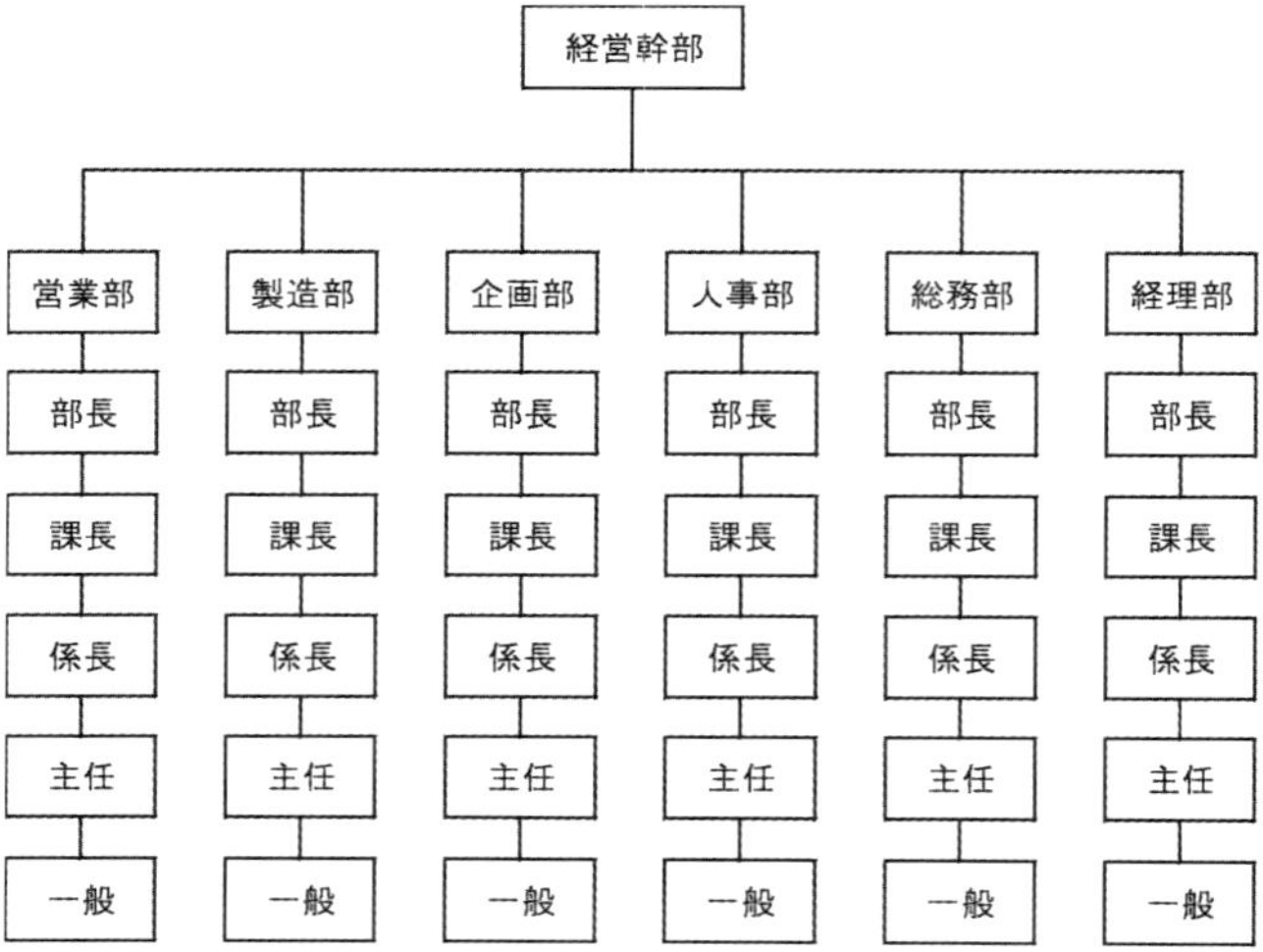

〔図表２　事業部制組織〕

〔図表３　マトリックス組織〕

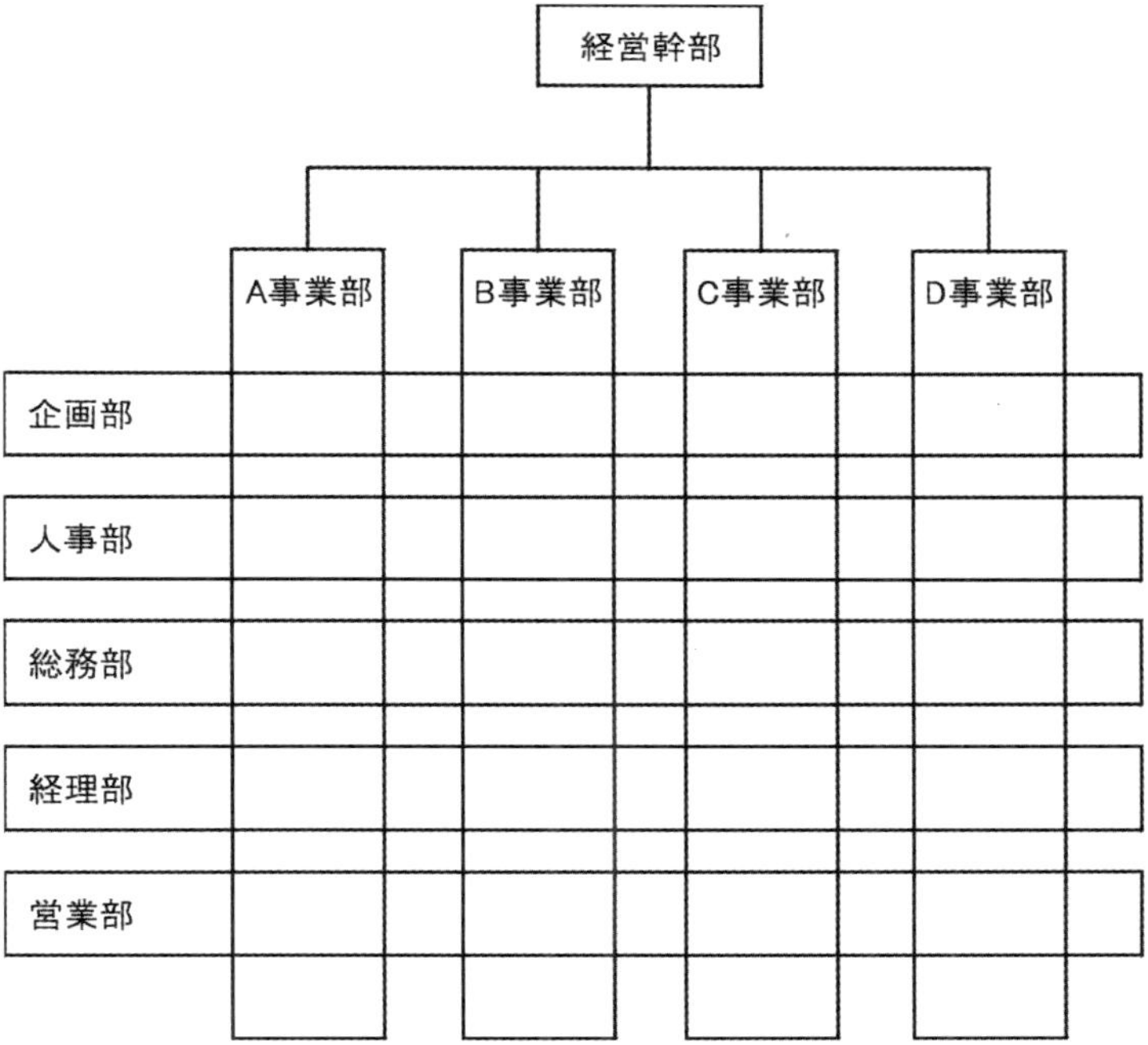

中にそれぞれ営業部、人事部、経理部などが構成されます（図表2）。

③マトリックス組織は部門編成を縦と横に交差させた組織の形を取ります。イメージとしては、縦は事業部制組織をベースにしながら、その中に人事や経理などの機能はなく、複数の事業部を人事や経理などの機能が横から横断して管轄する構成です（図表3）。企業規模や経営戦略に応じて最適な組織を検討する必要があります。

2　ミッションとビジョンを示し共通の思いにする

ミッションとは何か

企業にはミッションやビジョンがあります。これらの言葉もよく聞きますが、その使われ方も様々です。皆さんならどのように説明するでしょうか。絶対的な正解はありませんが、ここではできるだけわかりやすく説明をします。

ミッションを辞書で調べると「任務」、「使命」、「理念」という言葉が出てきます。これらの言葉を企業経営の視点で考えてみると、「社会に対して果たすべき役割」、「社会に対する約束」と表現することができます。たとえば、いま皆さんがこのような質問を受けたとします。「あなたの会社は何のために存在するのですか？」

さて、皆さんならどのように答えるでしょうか。「お金を稼いで従業員の給与を支払うためです」

この答えは決して間違いではありませんが、お金を稼ぐためだけであれば、別にどの会社で働いても構いませんし、給料の良い会社があったら、従業員は次々と転職してしまいます。

よく使命感という言葉も聞きますが、使命感がある人は極論するとたとえ給料が安くても、その仕事をすることに意味を見出し、その仕事を通じて何かの役に立ちたいと考えています。この役に立ちたいという思いを企業レベルで表現するなら、「社会貢献」ということができます。つまり、企業は何かを通じて社会に貢献したいと考えているのです。社会の役に立つことで結果としてそれが認められてお客様が会社に対価を支払ってくれるのです。

何を通じて貢献するかは、その企業の商品でありサービスであるわけです。つまり、ミッションとはその企業が提供する商品やサービスを使って、どのように社会貢献するのかが表現されているのです。それは企業の社会に対する「約束」といえるでしょう。

ミッションは社会に対する約束であるとするならば、絶対に守らなければなりませんし、コロコロ変えるわけにもいきません。一度、社会に対して約束をしたにも関わらず、すぐに約束が変わると信用できなくなります。つまりミッションは企業が存続する限り普遍的なものなのです。

ビジョンとは何か

では、ビジョンとは何のことをいうのでしょうか。また、ミッションとは何が違うのでしょうか。ビジョンという言葉の代表的な意味としては、「未来像」という言葉ができてきます。未来ですから、今日明日のような短期的なものではなく、長期的なものであります。

企業経営の視点で考えるとその企業が描く「将来のあるべき姿」、「事業を通じて実現したいこと」と説明することができます。もっと簡単に表現するならば、「夢」、「希望」、「方向性」、「将来像」です。

では、皆さんが「あなたの会社は将来どのような企業になりたいのですか?」と質問されたら、どのように答えるでしょうか。将来の夢の話ですから、その話を聞いて質問をした人がわくわくするものでなければいけませんし、その実現が待ち望まれなければなりません。

つまり、ビジョンは共感が得られるものでなければいけないのです。会社のビジョンに共感し、その将来の夢を実現させたいと思う人が、その会社に入ってくるのです。

ミッションとビジョンは何が違うのでしょうか。これまでの説明でもおわかりいただけたと思いますが、ミッションは社会に対する約束であり、ビジョンは将来のあるべき姿であるなら、ミッション=「約束」は変わらないものであり、ビジョン=「将来の姿」は変わるものであるということです。

なぜならば、企業が将来こうなりたいと思っていても、環境が変わるとなりたい姿も変わりますし、ビジョンが達成されたら今度は新しいビジョンが必要になってきます。

ビジョンには短期的なビジョンもあれば、中期的なビジョン、長期的なビジョンもあります。あるビジョンが達成されて喜ぶのはよいのですが、次のビジョンを示さないと従業員はどの方向に進めばよいのかわからなくなってしまいます。

リーダーが語る

これらミッションやビジョンは経営者から示されますが、抽象的過ぎてよくわからないという特徴があります。抽象的過ぎてわからないままでいると、何のためにこの会社で働いているのか、その意味を見失ってしまうことになります。

チームリーダーはこの抽象的なビジョンやミッションを自分の言葉で具体的に語らないといけないのです。そして、その意味を職場のメンバーが理解し、「一緒にこの会社で働いていこう」とやる気を引き出すのがリーダの役割です。

3　組織が機能する黄金のトライアングル

共通の目的を示す

これまで組織とは何か、なぜ組織にはミッションとビジョンが大切なのかを見てきました。では、しっかりと検討されて組み立てられた組織があり、ミッションとビジョンがあれば、それで組織がうまくいくかというと決してそうではありません。組織は形だけではなく、機能しなければいけません。ミッションとビジョンは絵に描いた餅で終わってはいけません。

本節では、立派な組織や素晴らしいミッションやビジョンが機能するためには何が必要かを考えていきます。言うまでもなく、組織は人の集まりです。つまり2人以上の人が集まればそこに組織が生まれます。ただし、何の目的もなく、ただ集まるだけということはないでしょう。

人が集まるからには何らかの共通の目的があるはずです。つまり、組織が成り立つためには共通の目的がなければいけません。これがミッションとビジョンに該当すると言ってもよいでしょう。ただし、ミッションとビジョンは抽象的ですので、もっと具体的にしたものが必要になってきます。それを組織の共通の目的としてはっきりと明文化しなければいけません。

目的を伝える

次に、この共通の目的も飾ってあるだけでは意味がありません。組織メンバー全員に目的が伝達されなければいけません。それがチームリーダーの役割です。しかしながら、組織の共通の目的をきちんと語ることができないリーダーが多いのが現状です。

例えば、皆さんが上司からこんな言われ方をしたらどう思うでしょうか。「これは会社が決めたことだからやれ」「これは部長からの命令だから、頼むからやってくれ」。

当然、雇われている身としては、組織の決定事項や上司の命令には従わなければなりませんが、このような言い方をされたら、やる気が高まりません。心の底からやりたいと思える仕事ではなく、上から言われて嫌々やる仕事では効率は上がりませんし、職場の雰囲気も良くはならないでしょう。

特にチームリーダーは自分が担当する現場のことはよくわかっているはずです。メンバーが忙しく大変な状況を理解しているからこそ、それを理解した言い方でなければいけません。

私は企業の研修の中で突発の業務が発生し、それをリーダーが職場のメンバーにどう伝えるかという演習を行うことがあります。その際、参加者の皆様は色々と言い方を考えるのですが、中にはいきなりメンバーに業務指示を伝えるのではなく、「皆に伝えたいことがあるのですが、現在の仕事の状況はどうなっていますか」とメンバーの現状確認から入る人がいます。

この部下のことを知るための現状確認のステップは極めて重要です。現状を理解せずに業務指示をするだけだと、「あのリーダーは現場のことがわかっていない」とか、「あのリーダーは上司の言いなりだ」と言われても仕方がありません。

メンバーの理解が得られるように1人ひとりの状況を理解して心から共感を示し、そのうえでなぜこれからの仕事が大切なのか、それをやらなければならないかを伝えなければなりません。

協働の意欲

では、リーダーから目的を伝え、それがメンバーに伝達されたらそれで終わりでしょうか。目的を伝えただけでも意味がありません。メンバーが共通の目的を理解し、その目的を果たすために共に働こうという意欲がわかなければいけません。つまり、組織の目的をメンバー共通の目的にし、全社員がそれを成し遂げようと思わなければ目的は機能しないのです。

これら「共通の目的」、「意思伝達（コミュニケーション）」、「協働意欲」の３つが成り立ってこそ組織が機能するわけです。

4　組織が機能するための原則

チーム運営に必要な原則

組織のミッションとビジョンが明確になって従業員に示され、組織構造がしっかりと組み立てられました。そして、共通の目的がリーダーから現場に伝えられて、メンバー全員でその目的を果たそうと意欲が高まりました。では、実際に仕事をするうえで何が重要になりますでしょうか。本節では、リーダーがチームを運営するうえで必要となる原則について考えていきます。

原則の1点目は、業務の指示系統の1本化があげられます。例えば、あなたが直属の上司から指示を受けて、それを現場に伝えたとします。ところが、他部門の偉い人が出てきて、仕事のやり方についてあなたの職場のメンバーに色々と指示をすれば何が起こるでしょうか。当然現場は混乱します。いったい誰の指示に従い、何を優先すればよいかわからなくなります。

この場合、他部門の偉い人は直接あなたの職場メンバーではなく、あなたの上司に話をして、あなたの上司からあなたに対してその内容が伝えられなければなりません。考えてみれば当たり前のことですが、現場ではこのようなことがよく起こっていますので、指示系統は1本化されなければなりません。

2点目の原則は、リーダーが管理するメンバーの範囲が適切でなければいけません。例えば、あなたは東京に勤務しているとします。あなたの部下は5名です。ところが、大阪にも支店ができてそこに勤務する4名の部下を管理することになりました。さらに福岡にも支店ができて、そこに勤務する3名の部下をあなたが管理することになりました。東京の部下をマネジメントするだけでも大変なのに、大阪と福岡のマネジメントなどできるでしょうか。

この場合は、地理的な範囲が広すぎて適切とはいえません。また、担当地域は東京だけだとしても、そこに勤務する部下40人をマネジメントするとなったらどうなるでしょうか。明らかに適切な人数の範囲とはいえません。

このように管理する範囲は1人のリーダーの目が行き届き、メンバーの行動が把握できる程度でなければいけません。

3点目の原則は、メンバーに対する職務の割り当てが適切でなければならないということです。あなたの職場メンバーに対して仕事を割り振るときに、1人でできる業務が不必要に2人以上に重複していないか、チームに与えられた業務を適切にメンバーに割り振っているか、仕事の割り当ては具体的であり、またメンバーにとって適量であるかなどを考えなければなりません。

そのような配慮に欠けると過剰な労働を強いることになったり、残業が増えたり、逆に無意味な仕事をしてしまっているということもあり得ますので、個々のメンバーと与える仕事の内容などをよく考えて仕事を割り振らなければいけません。

4つ目の原則は、職場のメンバーに権限を与え、ある程度自分でものごとの判断をさせながら仕事をさせることです。何か業務を行う際に自分で意思決定することができず、いちいち上司に決めてもらわないといけないとなるとやる気が高まりませんし、自分で決めることができなければ、何でもかんでも上司に聞いてしまいます。

これでは、お互いの仕事効率も悪くなり、無駄な時間も発生します。職場のメンバーが自律して責任ある仕事をするためにも、ある程度の権限を与えて任せることが重要です。

5点目の原則は、最終的な責任はリーダーにあることです。たとえ、あなたの職場のメンバーが未熟であったとしても、メンバーを率いてまとめるのはリーダーです。メンバーが何か失敗をしたら、その人が悪いからといって責めたり、自分はきちんと指示をしたから関係ないと逃げるのは決してよくはありません。

最終的にはあなたが責任を取るんだという強い意志を示せば、メンバーもあなたを信用して失敗を恐れず仕事にチャレンジすることができます。

5　組織とチームの違い～チームは仲良しクラブではない

組織とチームの違い

これまで組織について色々と見てきましたが、組織とチームは何が違うのでしょうか。企業経営における組織は会社に認められた公式な集団であり、チームは組織に属する公式あるいは非公式な小さい単位の集団といえます。

組織には明確な組織図があり、組織の一員になるためには会社が発令する辞令が必要となります。チームはどちらかといえば組織の中において比較的柔軟に編成することができるため、辞令を発令しなくても構いません。

例えば、総務部に所属する人が、人事部で仕事をするためには人事異動の辞令が発令されますが、人事部内において給与計算チームで仕事をするためには、辞令が発令されなくても人事部内で合意されれば給与計算チームに所属することができますし、採用チームで仕事をするためには同じく人事部内で決めることが可能です。つまり、一般的にはチームは比較的柔軟に編成することが可能なのです。

チームが機能するために必要なこととは

では、チームが機能するためには何が必要なのでしょうか。それは「チームワーク」という言葉で説明がされます。チームワークというとスポーツのチームを思い出しますが、企業経営におけるチームもスポーツと同じです。

まず、チームにおけるリーダーについて考えてみましょう。スポーツの世界ではチームリーダーのことをキャプテンといいます。野球でもサッカーでも必ずキャプテンはいます。

キャプテンは試合で勝つために、練習中も試合中も常に他の選手を鼓舞し、元気づけ、支援します。

キャプテン自身も人一倍練習を行い、試合では自分に与えられたポジションでその役割を果たす必要があります。キャプテンは自らモチベーションを上げて、試合に勝つための努力を惜しみません。キャプテンは選手に優しい言葉を掛けることもあれば、厳しい言葉をかけることもあります。そして、監督やコーチと練習の方法を相談したり、試合における戦い方を考えたりします。キャプテンは選手の肉体的、精神的な状態を把握しながら、時には選手の起用法なども進言します。

職場リーダーはキャプテンと同じ働き

職場のリーダーはまさしくこのキャプテンと同じ働きをしています。職場リーダーはまず自分達に与えられた目標を理解しなければなりません。その目標を達成するために、チームメンバーと目標を共有し全員でその目標を達成することを誓う必要があります。目標が共有されたら、それを達成するために職場のメンバーを鼓舞してモチベーションを高め、メンバーが働きやすいように様々な支援を行います。リーダーはもちろん自分自身の仕事もあるため、自分の仕事をこなしながらも同時に職場メンバーのケアをしなければならないのです。時には上司に対してメンバーの能力や心身面についての状況などを報告しながら、仕事の進め方を相談することも必要です。

スポーツにおけるキャプテンはケガをしたり、調子が悪かったり、選手から信頼が得られなかったりすると、他の選手にキャプテンの座を譲ることがあります。職場のリーダーも、その役割を果たすことができないと、他のメンバーとリーダーを交代させられることがあります。組織における昇進は会社としての辞令が発令されないといけませんが、職場内でのリーダーは上司の思いで決めることができます。つまり、今、その職場で一番リーダーに相応しい人が選ばれるのです。係長や主任のように辞令を伴って職場リーダーになることもありますが、現在リーダーでない人でも職場のリーダーになるチャンスはいつでもあるのです。

新入社員だからといって、その可能性がないとはいえません。突然上司から、「明日から君がリーダーとして、この職場をまとめてくれないか」という話をされるのはごく普通にあるのです。いつリーダーになってもすぐにその役割が果たせるよう、今のうちから何をすべきなのかを知り、準備をしておくべきです。

6　チームワークを発揮するために重要なこと

チームワークの３つレベル

チームワークが良いと聞くと、とても仲が良いグループのように思えますが、仲が良いことがチームワークといえるでしょうか。仲が良いことはもちろん大切ではありますが、そこに甘えがあってはいけません。相手にとって耳の痛いことも言わなければなりませんし、新しい何かを生み出すためには、時にはあえて嫌われ役になることも必要です。

チームワークといっても様々なレベルがあります。ここではチームワークのレベルを３つに分類して考えてみます。あなたの職場はどのレベルにあるか、照らし合わせて考えてみてください。

第1のレベル

第1のレベルは、メンバー同士が協力し合って円滑に仕事ができることです。このレベルではお互いのことをよく知り、緊密なコミュニケーションを取ることができます。コミュニケーションとは、ただ単に話をするということではありません。仕事に関する様々な情報や各自の仕事の状況について、お互いが共有できることです。

最近の職場では、同じ部署にいるにも関わらず、「あの人は何の仕事をしているのかよくわからない」という声を耳にしますが、これではチームワークが発揮できるわけがありません。

特にメールが発達した社会では、同じ職場で隣の席に座っていても、会話を交わすことなくメールでやり取りする職場もあるという話もよく聞きます。やはりフェイス・トゥ・フェイスで顔を見ながら、声を聞きながらコミュニケーションすることが基本です。

第2のレベル

第2のレベルは、メンバー同士が自分の役割だけに留まるのではなく、チームのために自分の役割を超えた行動ができるレベルです。チームメンバーには自分がやるべき仕事がありますが、自分の担当だけをこなしてもチームワークは向上しません。自分の担当でなかったとしても、役割を越えて仕事をすることでお互いに助け合うことができます。

ギスギスした職場では横にいるメンバーが困っていても、自分の担当でなければ見て見ぬ振りをしたり、ある人にかかってきた電話を取って何か質問を受けても「担当と違うのでわかりません」と発言が出るようでは、チームとしてお互いのことを知っているとはいえませんし、助け合っているとも思えません。

第3のレベル

第３のレベルは、メンバー同士がチームに留まらない何か新しいことを生み出すレベルです。既存の仕事とは違う何か新しいことを学習し、そこから新しい何かが生まれる段階です。このレベルではメンバー同士が知的に刺激し合います。また、チームのためであれば、甘えを許さず言うべきことはたとえ耳の痛いことでも相手に伝えます。

耳の痛いことを告げられたメンバーはそのことで腹を立てるのではなく、自分では気づかなかったことを指摘してもらえたことに感謝し、必要に応じて自分の発言や行動、時には考え方などを修正しようとします。そのことにより、学習が起こり新しい何かが生まれるベースとなっていくのです。

皆さんの職場はいかがでしょうか。まずはリーダーが知的な刺激をチームに与えることが必要です。メンバーが触発されてお互いが学び合える職場づくりを目指しましょう。

あなたの職場はどのレベル？

私たちを取り巻く環境がよいときはレベル1でよいかもしれませんが、環境の変化が激しくなり、今までの常識だけでは通用しなくなった世の中では、レベル3のようなチームワークが必要となります。

ところが、レベル3のように高い次元のチームづくりをするためには勇気が伴います。なぜならば、レベル1ほど居心地がよいからです。レベル2は自分の役割を超えた行動を起こすことになりますので、面倒で負担がかかるものです。人はそのようなことを避けようとします。

またレベル3に至っては、新しい領域に入るのはさらに面倒であり、これ以上仕事は増やしたくないと思うため難しいものです。また、相手にとって耳の痛いことを言うのは、相手の気分を害してしまうのではないかと思って言えなくなります。でも、それでは新しい何かが生まれることはないでしょう。あなたの職場はどのレベルか今一度考えてみましょう。

7　チームにも賞味期限がある

チームの4つのステージ

あなたが職場のリーダーとして、1から築き上げてきたチームですが、時間が経つにつれて、メンバー同士の馴れ合いや仕事のマンネリが起こってしまい、チームとしてのパフォーマンスが下がることがあります。

またチームの硬直化が起こり、柔軟なチーム運営ができなくなってしまうことがあります。

チームリーダーはこのような事態を招かないためにも自分のチームが今どの段階にあるのか、ステージを知っておく必要があります。

そこで、チームのステージを4つに分けて考えます。

チームの誕生

まず、第1のステージはチームの誕生です。チームが誕生するのは、チームの編成が変わったり、担当替えがあったり、チームリーダーが変わったりと様々な誕生があります。

チームが誕生したときは、まだメンバー同士がお互いのことをよくわかっていないため、手探りの状態で仕事を進めます。このステージにおいてリーダーはお互いのことをよく知るための工夫が必要です。

お互いのことをよく知るためには「自己開示」をしなければなりません。自己開示とは、単なる自己紹介ではありません。表面的なことだけではなく、普段は人に見せていない意外な一面や、仕事以外の趣味、ちょっとした悩み事などをメンバーに話してみることです。

仕事だけの付き合いでは知り得ないことを知ることによって、その人に対する親近感が増しお互いの距離が縮まります。

発展途上の段階

第2のステージは発展途上の段階です。チームメンバーはお互いのことをよく知るようになり、仕事においては未熟なところや荒っぽいところがありますが、メンバーは経験を積んで少しずつ自信が増し、やる気が高い状態です。

このステージにおいてリーダーは仕事のやり方や進め方のチェックを行い、仕事内容に抜け漏れがないか、何か間違いがないかを確認する必要があります。

また、仕事に不慣れなメンバーや十分なスキルを持たないメンバーに対する指導・育成も行わなければいけません。

成熟の段階

第3のステージは成熟の段階です。チームメンバーはお互いのことをよく理解し、素晴らしいチームワークが発揮されます。仕事も充実し、立派に業務をこなすようになります。

このステージまで成長すると、リーダーはひと安心して気が緩みがちになりますので、これまで以上に注意が必要です。仕事や人間関係の慣れからくるちょっとしたミスが起こることもありますので、表面的にはわかりにくいメンバーの気の緩みや、やる気などに対する注意が必要です。

また、あなた自身が次のステップに進むために、次のリーダーの育成にも注力しないといけません。

あなたがいなくなったら、チームはうまく回らないというのは、あなたの部下育成や権限委譲が十分できていないということが露呈されていることになります。できるだけ早い段階から権限の委譲を進め、部下育成に力を入れなければなりません。

衰退の段階

第4のステージは衰退の段階です。成熟したチームメンバーは慣例や前例に固執してしまい、新しいことに取り組んだり、変化を起こすことに対して抵抗を示すようになります。

また、自分が得意とする仕事については囲い込みをしてしまい、その人に聞かないとわからないことが多くなるなど、チームの「硬直化」が起こります。

この段階では、メンバー間の関係も馴れ合いになることもあり、多少のルール違反でも目をつぶってしまい、注意をしないようなことも起こります。

この段階でリーダーがすべきことはチームの変革です。変革というとかなり大げさなイメージになりますが、チームの中に何か変化を起こすことがリーダーに求められるのです。

例えば、得意先の担当者の変更、業務内容を変更するなど、チームの中で完結する変化は比較的簡単に取り組むことが可能です。また、既存の仕事にはない、何か新しい業務をメンバーに与えることもよいでしょう。

ただし、このように変化を求められると、必ずメンバーからは反発や抵抗が起こります。

なぜならば、今の仕事に慣れて特に問題がない状況であれば、変化を起こす必要性が感じられないからです。

メンバーから反論が出てもリーダーはなぜ変化が必要なのかを説いて変化を進めなければなりません。

第1章では、組織とは何か、チームとは何か、チームが機能するためにはリーダーは何をしなければいけないかを説明しました。少し難しいと思われたかもしれませんが、「難しい」という言葉の2つの意味を押さえておきましょう。

1点目の意味は理論や理屈を理解することが難しいという段階です。本章では難しい組織論をできるだけわかりやすく説明したつもりですが、理論的な内容が難しいと思われた場合はぜひ該当箇所を何回か読み返してください。

2点目の意味は、内容は理解できるが、実践することが難しいという段階です。おそらく難しいと思われた多くの方は、この2点目の段階だと思います。要するに「言うは易く行うは難し」ということです。

ただし、1つ言えることは、まずはやってみることです。

実行に移してみると意外と上手くできるかもしれませんし、できないかもしれません。失敗すれば、またそこから学べばいいのです。

一番怖いのはわかっているのに何もしないことなのです。

第2章

チームリーダーに求められるマネジメント力

1　マネジメントとは何をすることか

マネジメントとは

「マネジメントとは何をすることか」このお題に対してこれまで非常に多くの人によって様々な定義がなされ、数限りない見解が述べられています。マネジメントという言葉が一躍脚光を浴びたのは「もしドラ」として有名になった「もしも高校野球の女子マネージャーがドラッカーの『マネジメント』を読んだら」ではないでしょうか。

それまでドラッカーのマネジメントに関する書籍は多くのビジネスパーソンに読まれてきましたが、「もしドラ」によってマネジメントという言葉は一気に若い人にも広がりました。

では、マネジメントとはどういう意味なのでしょうか。一般的にマネジメントは「管理」と訳されますが、これだけでは不十分です。前述のドラッカーを含め、多くの学者が様々な表現を使っていますが、私は次のようにまとめてみました。

「マネジメントとは、企業の目標を達成するために、自部門における組織目標を立て、会社の仕組みや役職などによって人に働きかけ、社内外の人、取り扱う商品、売上やコスト、社内外の情報、時間を管理しながら結果を出すプロセス」。

少し長くなりましたので、もっと簡単にあえてひと言で説明するならば、私はクーンツとオドンネルという学者の〝Getting things done through others.〟「他者を通じて物事を成し遂げる」という定義が短い言葉でありながら的確にマネジメントのことを表現していると思います。

つまり、企業が目標を達成するためには1人の人間だけが頑張っても、目標を成し遂げることは不可能です。では、人が多ければそれでよいかというとそうでもありません。人が多ければ多いほど、その人たちを巻き込んで目標を達成するように働きかけなければなりません。そのことをクーンツらの定義は的確に表現しています。

目標を設定する

では、もう少し具体的に考えてみましょう。企業には目標がありますが、企業全体の目標はとても大きいものです。例えば、年間の売上目標が１００億円が企業の目標だとします。この目標を達成するために、そこで働く人が各々勝手に1年間営業活動をしても、責任の分担が曖昧になってしまい、１００億円の売上が達成するのもしないのも運任せになってしまいます。より確実に売上を達成するためには、１００億円の目標を細かく分割して部門ごとに分担させ、その分割された目標に対して部門に責任を持たせることで、より確実な実行が可能になります。全社の年間売上が１００億円であれば、関東地区で60億円、関西地区で30億円、中部地区で10億円と設定すれば、責任の範囲もより明確になります。次に各地区に分割された目標が具体的な都道府県別に分割がなされ、さらにそれが個人別へと細かくブレイクダウンされてくるのです。つまり各個人が自分の責任を果たすことで、最終的な企業目標である100億円が達成するのです。

働き掛け

では、それぞれの個人の目標が決まると、それでマネジメントが終わりかというと、そうではなくこれからが始まりです。個人の目標達成ができるように個々の担当者に対して働き掛けることが必要です。その働き掛けこそがマネジメントに求められる重要な活動の1つといえます。

2 マネジメントの対象は何か

マネジメントの5つ対象

前節では「マネジメントとは何をすることか」を見てきました。本節では具体的にマネジメントとは何を対象に行うのかについて考えていきます。マネジメントとは何かという質問に対しては誰でもそれなりに答えることはできますが、では何を対象にマネジメントをするかと問われると多くの人が一瞬止まってしまいます。

そして、マネジメントの対象はもちろん部下ですという答えが返ってきます。マネジメントの対象は部下だけでしょうか。もし、部下をマネジメントすることだけがマネジメントだと考えておられる方がいたら、ぜひここで考え直してください。

結論から言いますと、マネジメントの対象は５つあります。それは「人」「物」「金」「情報」「時間」です。これら５つの対象すべてに対してアンテナを立て、同時並行でマネジメントしなければなりません。

人のマネジメント

まず、「人」ですが、人に関するマネジメントは部下だけではありません。上司や同僚も含めて社内の人全員がマネジメントの対象だということができます。

米国ではボスマネジメントという言葉があり、ボスマネジメントは優秀なビジネスパーソンに求められるスキルとしてMBAの中でも取り上げられています。

ボスマネジメントとは、与えられた目標を達成するために、部下から上司に働きかけて、上司の経験・知識・人脈などを活用することで戦略的に活動することをいいます。

その他にも上司が上司としての責任を果たしているか、コンプライアンスやハラスメントの問題を起こしていないかを部下の立場でチェックすることも含まれています。

また、人のマネジメントには顧客や取引先までもが含まれています。顧客をマネジメントするとは、顧客の自社に対する取引状況や信頼度などが良好に保たれているかを常に確認し、必要に応じて対応しなければいけません。

取引先のマネジメントとは自社に商品を納品するまでの過程で不正などの問題がないか、そこで働く社員がコンプライアンス上の問題を起こしていないかなどにも注意が必要です。
最近では欠陥商品が出た場合、たとえ原材料を納品している供給会社に責任があったとしても、仕入れている側のマネジメント不足だとして責任が問われることもあります。

物のマネジメント

「物」のマネジメントとはまさしく自社商品やサービスのことです。商品をマネジメントする際は数量と質に対して注意をしなければなりません。
特に多くの受注をした場合に納期までに数量を間に合わせることばかりに意識が向いてしまい、品質が疎かになることがありますので、数量と品質に対する高いマネジメント意識が必要です。

金のマネジメント

「金」のマネジメントは売上、原価、緒経費、利益等のことです。営業部門であれば、販売計画に対して売上が計画通りに進捗しているか、値引きをせずに適正な利益を稼いでいるかが問われます。
またすべての部門では仕入コストや残業代などの諸経費のマネジメントが問われます。

情報のマネジメント

「情報」のマネジメントは内部情報や外部情報のことです。現代の社会は様々な情報であふれかえっています。

必要な情報を必要なだけ取得し、そのことから何をすべきかを考えて提言できなければいけません。

例えば、競合他社の動向や市場の動向は重要な外部情報ですし、部下の悩み事や健康状態は重要な内部情報です。

時間のマネジメント

「時間」のマネジメントはいうまでもありません。特に最近では残業削減や働き方改革などに代表されるように、タイムマネジメントが問われています。

タイムマネジメントという考えは今に始まったことではなく、以前からいわれてきたことですが、頑張ることが美徳とされてきた日本では、頑張ってきた時間で評価されることが多かったのです。現代は時間ではなく質で評価するという転換期に来ています。

以上のようにマネジメントの対象は５つありますが、もっとも難しいのはこれらは個別にバラバラでマネジメントするものでなく、すべて同時並行でマネジメントしなければいけないのです。

部下のことばかりに意識が向くと、他の４つを忘れてしまいますし、頭の中が売上をいかに達成するかで一杯の人は、ダラダラと残業してしまって時間管理が疎かになるなど、５つのマネジメント対象に常に意識を向けることはとても難しいのです。

3　マネジメントの仕事とは

マネジメントの8つの仕事

前節ではマネジメントの5つの対象を見てきました。本節では具体的にマネジメントの仕事とは何をすることなのかについて考えていきます。

マネジメントの仕事は大きく8つに分類ができます。それは①情報を分析して将来を予測すること、②自部門の計画を立てること、③自部門の役割分担をすること、④業務指示をすること、⑤立てた計画通りに仕事が進んでいるか評価を行うこと、⑥上司や他部門の関係者、得意先などと調整を行うこと、⑦既存の仕事に留まらず新しいことに取り組むこと、⑧部下の仕事を評価し育成することの8つです。では具体的に見ていきます。

①情報を分析して将来を予測する

社内や社外など目先で起こっていることだけに惑わされず、それらの様々な情報から将来に向けて何が必要かを予測し、それを上司に提言することです。

例えば、競合他社が新商品を出すという情報があれば、このままでは自社のシェアが奪われてしまう可能性があることを報告したり、部下の過剰な仕事をこのまま放置すると部下の疲労が重なり労務問題に発展する可能性があるなどを予測して報告すべきです。

ひとことで表現するならば、「先を読む」仕事といえるでしょう。

②自部門の計画を立てる

全社で決まった目標が各部門に分割されますので、各部門に分割された目標から、自部門の目標に細かく細分化して計画を立てなければいけません。

計画を立てる仕事は大変面倒ではありますが、計画がなければ何を基準に実行に移せばよいのかわからなくなりますので、かならず必要になってきます。計画については本章の4節で詳しく説明します。

③自部門の役割分担をする

立てた計画を実行に移すために、誰にどのような仕事をどれくらいさせるのか、役割を明確にして仕事を分担させます。その際に重要なのは、部下の能力やスキルを十分に理解して、それぞれの部下に応じた仕事を分担させなければいけないのです。

部下の能力やスキルに見合わない仕事の与え方をすると、過剰な負担になったり、逆に物足りない仕事になることもあるため、部下のモチベーションに大きな影響を与えることに注意する必要があります。

④業務指示をする

役割に応じた仕事を部下に対して具体的に適切に伝えなければいけません。詳細については第4章で説明します。

⑤立てた計画通りに仕事が進んでいるか評価を行う

計画に対して現在仕事がどの程度進んでいるのかを明確に評価を行います。

部下が複数名いれば、それぞれの部下ごとに進捗状況をタイムリーに評価する必要があります。詳しくは本章の5節で説明します。

⑥上司や他部門の関係者、得意先などと調整を行う

仕事を円滑に進めるために上司や他部門の関係者、また得意先に協力の依頼をしたり交渉を行います。

時には協力に前向きに応じてくれないこともありますが、目標達成のためには協力してもらうことが不可欠であることを説明し、働きやすい状況をつくらなければなりません。

⑦既存の仕事に留まらず新しいことに取り組む

今までの仕事を今まで通りにこなすだけではなく、効率的に仕事が進むようにやり方を変えたり、新しい仕事を生み出したり、さらにはイノベーションを起こすようなチャレンジに取り組みます。

仕事が忙しければ忙しいほど、既存の業務に追われてしまい、新しいことにチャレンジする余裕がないかもしれませんが、現状を維持するだけでは企業は衰退してしまいますので、新しい取り組みが必要です。

⑧部下の仕事を評価し育成する

部下の仕事の結果、プロセス、能力、スキル、姿勢などに対する評価を行い、人材育成を行います。

企業には人事評価という制度がありますが、部下の1年間の活動結果を年度目標や計画、評価基準に照らし合わせて、どうであったかを評価します。評価の結果が処遇に反映されるため、適当に評価をしてはいけません。

また評価は処遇を決めるだけでなく、人材の育成にも使われます。評価の過程で計画を達成するために必要な能力・スキルを明らかにし、それに相応しい能力やスキルを部下が持ち合わせているかを確認し、必要に応じて適切な教育をしなければなりません。

評価者面談では結果をフィードバックするだけでなく、後述するコーチングを組合せることで人材の育成を行います。

4　PDCAを回す〜計画なければ実行なし

計画とは

前節では具体的にマネジメントの仕事とは何をすることなのかについて見てきました。その中で、「②自部門の計画を立てること」という項目がありました。これはPDCAサイクルにおける"d"にあたります。PDCAサイクルは言うまでもなく、Plan Do Check Actionの略です。これはマネジメントサイクルという言葉としても有名です。

本節ではPDCAにおいて最も重要である計画とは何をすることなのかを具体的に考えていきます。

何かを始めるときには計画はかならず必要で、計画なくして実行はできません。計画を立てずに実行すると、思いついたまま行動することになり、いつまでたっても終わらないことがあります。当然のことですが、計画を立てる際には目標がなければなりません。何を達成しようとしているのかが明確でなければ、計画は立てようがないのです。

例えば、あなたの会社は車を販売しているとします。年間の販売目標台数がなければ、毎月何台販売すればよいのか検討がつきません。毎月の目標台数があれば、いつ頃からどんなお客様にどのようにセールスをすればよいのかを考えることができます。これが計画です。

人が立てた計画に乗っかって生きてきた

しかしながら、計画を立てることにあまり慣れていない人が多いのも事実です。なぜならば、私たちは人が立てた計画に〝乗っかって〟生きてきたからです。

例えば、学校の勉強などはその典型です。小学校1年生ではどの程度の学力が必要であるかが定まっており、その学力に達するために国語・算数・理科・社会などの科目ごとの授業の時間割が決められているのです。高校や大学を受験する際は塾や予備校に行く人も多いと思います。その際も合格という目標に向かって、受験科目ごとに1年間の計画が決められており、受講生はそれに従って勉強をするのです。

社会に出て働く際も、勤務する会社には年間の目標があり、その目標を達成するために年間の計画が決められています。つまり、私たちは人が立てた計画に乗っかって生きることに慣れているため、自らが目標を明確にしてその目標を達成するために計画を立てることに慣れていないのです。

そう言うと、「私は毎年スケジュール帳を買って、綿密なスケジュールを立てている」と反論する人がいます。ただし、計画とスケジュール帳には決定的な違いがあります。それは「目標」があるかどうかです。

スケジュール帳に1年間のスケジュールを書き込む際、その年の終わりに何を達成するかという明確な目標があり、それが記載されているでしょうか。目標が明確でそれを達成するための行動計画があれば、それは立派に計画を立てたことになりますが、達成する目標がなくただ行事を書き込むだけではそれは〝予定表〟にしか過ぎません。

自分のことは自分で計画を立てたい

このように私たちは人が立てた計画に乗っかって生きていくことに慣れているため、自ら計画を立てることが苦手なのです。でもよく考えてみてください。自分の目標を達成するために、いつまで人が立てた計画に乗っかって生きていくのでしょうか。

子供の頃はそれで構いませんが、社会に出たのなら自分のことは自分で計画を立てたいものです。その際に重要なのは、計画を立てる際は関係する人との調整が必要であるということです。特に会社における目標を達成するための計画は上司との調整が必要です。目標を達成するための計画は綿密さに欠けたり、甘い計画であることもあります。せっかく立てた計画でも、その通り実行したからといって目標が達成できないこともあります。第三者の視点で客観的に確認する必要があります。

少し大げさになりますが、計画を立てないことに慣れている一例として、私たちのキャリアプランがあります。よく企業ではキャリア研修と称して会社におけるキャリア計画を考えたり、定年退職後の計画を考えたりする場を提供します。本来、自分の人生は自分で考えるべきなのですが、差し迫った問題でなければどうしても後回しになってしまうのでしょうか。自分のキャリアプランは会社から考える場を提供されなくても、自ら考えるべきだと思います。

5　PDCAからPDCACへ

実行

前節ではPDCAサイクルにおけるP、つまり計画のあり方や重要性について触れました。本節ではPDCAにおける実行・チェック・対策に考えていきます。

前節で見てきたように立派な計画が立てられたら、今度はそれに従って実行〝D〟に移します。実行に移す際に重要なのは、後で実行したことが確認でき、実行の仕方が検証できることです。誰も知らないところでこそこそと実行しても、うまく進んでいるときはよいのですが、うまくいかないときはサポートが必要になります。

つまり、第三者から適切なサポートを得るためにも実行されたことは誰が見てもわかるようにしないといけません。これが「報告・連絡・相談」という形で行われます。報告・連絡・相談については、第4章で具体的に見ていきます。

チェック

そして実行に移したら、それが計画通りに進んでいるのかどうかを検証する必要があります。それがチェック〝C〟です。チェックが必要であることは誰もが十分わかっていることなのですが、これがなかなかできないものなのです。なぜかというと、忙しく仕事をしていると、つい忘れてしまったり、わかっていても時間がなく面倒であるため、チェックをしないこともあります。もしくは大丈夫だと思って、チェックを飛ばす人もいます。これらのことを〝やったら、やりっぱなし〟といいます。

私も恥ずかしながら、会社員の時はよく社長や上司に「君はやったら、やりっぱなしだな。うまくいっているのか、うまくいっていないのか検証しているのか」とよく叱られたものです。

このチェックをきちんとする人は報連相もうまくできます。やったらやりっぱなしの人の報告はやったことしか報告しませんが、チェックをきちんとする人の報告は、計画に対して現状はどうなのか、今後どうすればよいのかという内容も含まれており、報連相の質が高くなるのです。

対策の検討

チェックの段階では計画に対して進捗がどうなのかを検証しますが、遅れが発生している場合や、目標達成に向けて障害がある場合はそれを取り除かないといけません。これが対策の検討です。

対策の検討は計画（P）の見直しともいえます。計画というのはあくまでも予定のため、目標達成に向けてうまくいくか、いかないかはやってみないとわからないのです。つまり、うまくいかないとわかった時点で計画を修正すべきです。

環境の変化が激しい世の中で、完璧な計画を立てることは不可能です。都度、チェックを行って計画を修正することが目標達成の近道となります。もしかすると、当初立てた目標自体を修正しなければいけないこともあります。実行してみて達成が不可能だと思ったら、なぜ不可能なのかを検証し、環境に見合った目標に勇気を持って修正することも必要です。

中には途中で目標を修正するのはもってのほかだといってとにかく頑張るのだという人もいますが、残念ながら根性論だけでは目標は達成しませんので、冷静な視点で見直すことも必要です（決して根性論を否定しているのではなく、根性も必要です）。きちんと結果を出す人は、このチェックがしっかりと機能しています。

対策を実行に移す

チェックがきちんとできれば、今度はそれを行動に移します。それがアクション（A）です。アクションを起こすときに重要なのは、その行動が確実に修正されていることです。ただし、修正した行動には痛みが伴うことがあります。

例えば、目標達成に向けて行動を前倒しにするとか、これまでの行動では不十分であったため、新しい行動が追加されることもあります。また、当初計画通りにやってきた行動が無駄だと判断されれば、その行動を途中で止めることもあります。

そのために、この段階では今まで以上にメンバーや自分自身の心身面での配慮が必要になります。昨今言われているように働きすぎで、体調を壊してしまうと元も子もありませんので、心身のバランスにも注意をすることも重要です。

その意味で対策（A）の後のチェック（C）も必要です。実はPDCAサイクルだけでは不十分であり、PDCACまでやらなければいけません。

6 チームリーダーは組織における基軸となれ

PDCAを回すと各局面で摩擦が起こる

前節まででPDCAサイクルがいかに重要であるかを見てきました。PDCAサイクルはマネジメントサイクルという言葉でも表現されるように、サイクルを回すことが経営行動だと言えます。

前節でも述べた通り、PDCAを回すと、各局面で摩擦が起こります。摩擦とは上司とチームリーダーの間で起こる摩擦、部下・後輩とリーダーの間に起こる摩擦、社内関係部門との摩擦、お客様との摩擦など様々です。

特にリーダーを悩ますのは、上司と部下・後輩との間にリーダーが挟まれる摩擦です。まさしく、サンドイッチ状態です。このサンドイッチ状態をいかに解消するかがとても難しく大変なのです。なぜならば、上司の考えと部下・後輩の考えは真っ向からぶつかることが多いからです。

このサンドイッチ状態はPDCAのあらゆる局面で起こります。例えば、計画段階（P）では上司は全社の目標を達成するために、自部門に課せられた目標を達成することが経営者から求められます。場合によっては、他部署の未達分を課されることもあるでしょう。

ところが、実際に目標を達成するために働くのはあなたであり、あなたの部下や後輩でありょます。この目標が高過ぎると、仕事の内容にも負荷がかかることが想定されます。つまり、現場で働くメンバーは目標を低く抑えたいと考えるのです。あなたは、目標をどのように設定するかで上司と部下・後輩のサンドイッチ状態になるのです。

上司と部下・後輩のサンドイッチ状態になる

実行段階（D）では上司が求める理想の活動と現場で働く部下・後輩の実際の活動の間にギャップが生じます。上司はその活動の修正をリーダーに求めてきますが、現場はそれどころではないことが多々あります。

あなたは部下・後輩の活動を無理のないようにいかに上司が求める活動に近づけていくのかという努力をしなければなりません。チェックの段階（C）では、目標達成に向かって進捗が遅ければ、計画の前倒しや新しい活動の追加が求められます。当然、これは現場の負担になります。また、目標達成に見合わない活動を止めることが求められることもあります。いずれの場合も上司と現場の間に立って最善な方法を検討しなければなりません。チェックをした後の対策を実行する段階（A）でも上司が求める理想の活動と現場で働く部下・後輩の実際の活動の間にギャップが生じます。リーダーはメンバーの心身面に配慮しながら修正した計画に従って結果を出す行動を促さないといけません。

サンドイッチ状態を解消する4つのポイント

このように考えるとリーダーは常にサンドイッチの状態にさらされていることになります。この状態を解消する絶対的な方法はありませんが、大切なことが4つあります。

1点目は全社の目標を常に意識することです。これを見失ってしまうと会社で働く意味がありません。全社目標が達成されない状況が続けば、社員の給与が下がることもあれば、待遇が悪くなることもあります。最悪の場合、経営を継続することが困難になることもあります。

2点目は上司もサンドイッチ状態にあることを理解することです。あなたが上司と部下・後輩のサンドイッチ状態になるように、あなたの上司もその上の上司とあなたの間でサンドイッチになっているのです。しかも、そのプレッシャーはあなたが受けるものよりも重いのです。

3点目は対話を欠かさないことです。サンドイッチ状態におかれるとどうしても精神的に不安定になり、イライラすることがあります。そこで感情的になってしまうと状況は改善するどころか悪い方向に進んでしまいます。上司との対話、部下・後輩との対話を重ねて、お互いの理解を促す努力をやり続けないといけません。

4点目はあなた自身の心身の状態に耳を傾けることです。職場の中核であるリーダーはつい無理をしがちです。最悪の場合、体調を壊したり、メンタル不調をきたすことも考えられます。このようなことが起こらないように、自分の心身の健康管理は怠らないように気を付けましょう。

7　マネジャーとプレイヤーの違い

誰もがチームリーダーになる

前節では、チームリーダーは上司と部下・後輩との間で板挟みになるサンドイッチ状態のお話をしました。本節ではそれをさらに具体的に仕事の面で考えていきます。

本書でいうチームリーダーは、非常に幅広い方を対象にしています。読む人やとらえ方によっては、上は経営者から下は新入社員まで対象になるでしょう。例えば、社長や専務といった経営幹部はまさに会社全体の方向性を示し、その方向に社員を導いてまとめ上げるリーダーであります。部長や課長といった管理職はそれぞれ職場の長としてリーダーでありますし、係長や主任は部長や課長のもとで職場のメンバーをまとめるリーダーでもあります。入社２～３年の方でも後輩を持ち、リーダーとしてチームで仕事をすることも多いと思います。さらに新入社員でも、同期メンバーのまとめ役となる方もチームリーダーといえるでしょう。

マネジャーとは

ではマネジャーとプレイヤーの違いですが、マネジャーはまさしくマネジメントする人です。本章でマネジメントとは何をすることかは見てきました。つまり、マネジャーは他者を通じて目標を達成する人です。

ここでいう他者は、主に部下や後輩のことです。与えられた目標を部下・後輩に伝え、メンバー全員でその目標を達成させなければいけません。マネジャーの責任範囲は部下・後輩全員の仕事におよびます。

プレイヤーとは

それに対してプレイヤーは自分で目標を達成する人です。自分に与えられた目標を自らが動いて達成させなければなりません。プレイヤーは自分1人の仕事に対して責任を持ちます。

会社に入ると誰もがプレイヤーからキャリアをスタートさせますが、管理職になればマネジャーへと移行します。プレイヤーはいかに自分が動いて結果を出すかを考えますが、マネジャーはいかに部下・後輩を動かして結果を出させるかを考えます。

プレイヤーであり続けるとどうしても目先の業務に追われてしまうため、仕事の幅や質は向上しませんが、マネジャーになれば必然的に仕事の幅が広がり質が高くなります。

私の友人で社長として商売をやっている方が何人かいますが、たとえ社長でも1人で商売をやっているうちはどうしてもプレイヤー止まりになります。

彼らは1人でいつもバタバタとしており忙しいと言うのですが、それならば人を雇って仕事を任せ、社長は新しいビジネスを考えたり、販売ルートを開拓したり等を色々と考えればよいと思うのですが、なかなかそこまで踏み込めず、状況が改善されないままです。

プレイングマネジャー

最近では、組織がフラット化し、管理職のポジションが少なくなってきています。会社に入って普通に頑張っていれば、誰もが管理職になれる時代ではないのです。たとえ管理職になっても、自分の担当業務もそのまま持っていますので、管理職兼いち担当者という立場になります。これを一般的にプレイングマネジャーといいます。

プレイングマネジャーは管理業務もしなければいけませんし、自分の担当業務もしなければいけないという一人二役の仕事をこなします。管理だけすればよいというマネジャーは少なく、ほとんどの方がプレイングマネジャーではないでしょうか。そこで多くの方が、このプレイングマネジャーの仕事に苦労をされています。何に苦労をしているかと言うと、マネジャーとプレイヤーのバランスをどのようにすればよいかということです。

このことをプレマネバランスともいいます。自分の仕事もしないといけませんし、部下の面倒も見なければいけないというのは、時間も手間もかかります。

私もプレイングマネジャーの時代を長く経験しましたが、日中社内で打合せをしたり、部下の相談に乗ったりしていると自分の仕事をする時間がどうしても夕方以降になってしまいます。そのために、残業したり休日出勤しての仕事を片づけるということもありました。

働き方改革が求められている現代では、私のような働き方は評価されません。

限られた時間の中でいかにマネジャーとプレイヤーのバランスを取り仕事をこなすことができるかが求められます。

では、どのようにマネジャーとプレイヤーのバランスを取ればいいのでしょうか。私が重要だと思うのは何事も抱え込み過ぎないことです。今までプレイヤーだった人が管理職になり、プレイングマネジャーになるとあれもこれもと思って何でも抱え込んでしまうのです。

ところが、この抱え込み過ぎがよくありません。できるだけプレイヤー業務を軽減させる努力をしなければならないのです。

例えば、営業職の人であれば、これまで得意先に週2回訪問していたのであれば、週1回にすることを考えます。訪問回数を2回から1回に減らすと売上が下がるのではないかと思って不安になりますが、お客様もマネジャーの立場を理解され、意外と売上は下がらないものです。プレイヤー時代にしっかりとした関係性を築いておけば、訪問回数が減ったからといって、これまでの信頼関係が壊れることはないでしょう。

また、あなたのプレイヤーの仕事を部下に一部任せることもできます。そのことで部下の育成にもつながります。ただし、部下からすると丸投げをされたという印象を持たれないように気を付けなければなりません。

第3章

メンバー同士の関係を深め、お互いの協働意識を高めるには

1　相手を知ってありのままを受け入れる

相手を知る

　相手を知るとはどういうことでしょうか。外見や性格など色々とありますが、私たちは見える部分しか見ずに相手のことを判断してしまいがちです。人には見えない部分もありますので、そこを見て相手をよりよく知るようにしなければなりません。

　その際に意識するのは表裏の関係です。表裏とはまさしく「外見」と「内面」のような関係です。例えば、あなたの下に部下が入ってきたとします。見た目は弱気に見えるのですが、実は性格はとても強気で物怖じしないということもありますし、見た目は強引なように見えても、実は性格は内気ということもあります。

　また、性格だけをとらえても表裏の関係があります。例えば、人の悪い性格はとても気になるものです。気になればなるほど、その悪い性格しか見えなくなり、その人のことが嫌になったりします。しかし、人には悪いところもあれば必ず良いところもあります。悪いところしか見えない場合は、良いところを見逃しているか、そもそも見ようとしていないかもしれません。

　この表裏の性格は、相手が気づいていることもあれば、相手が気づいていないこともあります。図表4はジョハリの窓というものですが、相手を知るとはどういうことかジョハリの窓で整理して

〔図表４　ジョハリの窓〕

	部下が知っている部下（部下は自分でも気づいている）	部下が知らない部下（部下は自分では気づいていない）
あなたが知っている部下（あなたは気づいている）	① 開かれた窓	② 気づかない窓
あなたが知らない部下（あなたは気づいていない）	③ 隠された窓	④ 未知の窓

みましょう。

① 部下が自分で知っている（気づいている）部下のことを、あなたも知っている（気づいている）ことを「開かれた窓」といいます。

② 部下が自分では知らない（気づいていない）部下のことを、あなたは知っている（気づいている）ことを「気づかない窓」といいます。

③ 部下が自分で知っている（気づいている）部下のことを、あなたは知らない（気づいていない）ことを「隠された窓」といいます。

④ 部下が自分では知らない（気づいていない）部下のことを、あなたも知らない（気づいていない）ことを「未知の窓」といいます。

①の開かれた窓はお互いが認識しているのですが、③の隠された窓は部下のことをあなたが気づいていないいため、知ろうという努力が必要です。

②の気づかない窓はあなたが気づいていても部下は気づいていないのです。この場合は相手に知らせてやることが必要です。ただし、言い方には万全の注意をし、相手が受け入れるように伝えなければなり

ません。

逆にあなたが自分の気づかない窓を第三者から指摘されたときは受け入れがたいものですが、第三者から見た自分を知るという意味できちんと耳を傾けるべきです。最後の④の未知の窓はお互い知りようがない窓です。

開かれた窓を大きくする

この４つの窓を見るともちろん大切なのは①の開かれた窓を大きくすることです。この窓を大きくすることで、お互いのことを知り良い人間関係の構築ができます。そのためにも、相手を知ろうとすること、あなたが気づいていることを相手に伝えようとすることが必要です。

ありのままを受け入れるとは

ではありのままを受け入れるとはどういうことでしょうか。それは条件なしに受け入れるということです。条件なしとは、「〇〇だから、素晴らしい」という「〇〇だから」がなくても相手のことを素晴らしいと認めることです。相手の人格やすべての部分を尊重し、無条件に受け入れていく、理解していく姿勢のことをいいます。

例えば、あなたは部下のある性格を知ったとします。あなたはその性格を知って、意識する・しないに関わらず、その性格のことを「良い」「悪い」と判断してしまっているのです。そのような判断をすることなく、部下の性格をありのまま受け入れるのです。

2　相手に関心を持って観察する

相手を知るために必要なこと

前節では、相手を知るとはどういうことか、相手を受け入れるとはどういうことかを見てきました。相手を知るとは見える部分だけではなく、見えない部分も見る努力をしなければならず、お互いの開かれた窓を広げることが大切であると説明しました。

では、相手を知るためには何が必要でしょうか。ただ単に相手のことを眺めているだけでは見えてくる情報は少ないでしょう。相手のことをより良く知るためには、相手に興味・関心を持つ必要があります。

私たちが普段相手を見るときは、見える部分だけを見ます。見える部分とは、顔・髪の毛・身体・服装・言葉・行動・表情などです。そして見える部分だけを見て何かを判断してしまっているのです。

関心を持つ

では、相手の見えない部分とは何のことでしょうか。それは性格・思考・感情・嗜好などの内面のことや、考え方・感じ方・行動に至るまでのプロセス・過程だといえるでしょう。そもそも私たちは人の内面など見ることはできません。では、どのようにすればよいのでしょうか。それが関心を持つということなのです。

ただし、「私は関心を持って見ていますよ」と言ってみても関心を持ったことにはなりません。関心を持つとは、あなたの心の中で相手についての〝疑問文〟を持つことです。

例えば、「彼は今日はとても機嫌が悪いが、何か悪いことがあったのだろうか」「彼女は急に頑張って仕事をやるようになったが、なぜ心に火が付いたのだろうか」など、相手に対して疑問文を持つとそのことについてアンテナが立ち、相手を観察しながら色々と考えを深めることができます。

相手に対して疑問文を持たない人は、見えている部分だけをとらえて、「あいつは機嫌が悪い顔つきをしている。失礼な奴だ」「彼女は急に頑張って仕事をやるようになった。切り替えが早くて素晴らしい」などと勝手に判断してしまうのです。

忙しくなると相手を見なくなる

私がある会社で働いているときのことですが、私の仕事のサポートをしてくれるアシスタントがいました。彼女は素晴らしい経歴の持ち主で英語もペラペラです。仕事もそつなくこなしてくれます。

その当時の私は仕事が忙しく、どれだけ頑張っても終わりがなく、長時間残業や休日出勤が普通でした。次から次へとやって来る仕事をこなすには、今抱えている仕事をいかにアシスタントに依頼して処理してもらうかが重要でした。

そのため、私は次から次へとアシスタントに仕事を振っていました。最初は快く引き受けてくれていたアシスタントですが、そのうち表情に変化が表れ、嫌々仕事をやるようになりました。

私はその嫌そうな顔つきを見て、「彼女はアシスタントとして失礼だ」と思うようになりました。私は特に何か対応をすることもなく、しばらくはこれまで通りに仕事を依頼していました。そうすると、彼女の表情や行動がますます悪くなってきました。私はその見える部分だけを見て困り果ててしまいました。

あるとき、そのアシスタントから話があると言われて、別室で話をしたのですが、そのときに涙を流しながら「久保田さんは私のことなど何もわかっていないです」と訴えてきたのです。

忙しいときほど意識して相手を見る

私はそんなことはないと言って、普段の仕事ぶりや嫌な顔つきをしていることを指摘したのですが、あとから考えると、私は見えている部分だけから彼女のことを判断してしまっていたことに気づいたのです。

彼女が何を考えて、どのような思いで私の仕事をサポートしていたのか、１つの仕事をどのようなプロセスを経て、どのように頑張って処理してくれているのかなど考えようともしていなかったのです。

つまり彼女のことについて〝疑問文〟を持って考えようとしなかったのです。これはあまりの忙しさを理由にしてしまい、彼女のことを見ようとしていなかった自分に責任があると思いました。

職場のリーダーは色々な仕事を抱えてとても忙しいものです。忙しければ忙しいほど、部下や後輩のことを見なくなりますので、そんなときほど周囲を見ることを意識したいものです。

3　挨拶はリーダーからする

挨拶はどちらからするべきか

本節のタイトルは「挨拶はリーダーからする」です。このタイトルを見て、「えっ、何で挨拶はリーダーからするの？」「挨拶は目下のものから目上のものにするものではないの？」と思われた方もおられるでしょう。

私は挨拶は部下からするのではなく、リーダーからするべきだと考えています。なぜかというと、それはリーダーが部下のことを〝見ている〟ということを相手に知らせる行為であるからです。

例えば、リーダーが朝出勤して席に座ってパソコンでメールのチェックをしているとしましょう。そこに部下が出勤してくると、リーダーは部下が出勤していることに気づいても、気づかぬ振りをしてパソコンの画面を見ているのです。そして部下がリーダーの席にやってきて、「おはようございます」と言ってはじめて顔を上げて、「ああ、○○君、おはよう」と言うのです。

これが決して悪いとは言いませんが、逆にリーダーから挨拶をするパターンを考えてみましょう。リーダーが朝出勤してパソコンでメールをチェックしています。そこに部下が出勤してきて、リーダーから「○○君、おはよう」と言えば、部下はどう思うでしょうか。きっと、「リーダーは私のことを見ているんだ」「リーダーは私のことに気づいているんだ」と思うでしょう。

また、皆さんは次のような経験はないでしょうか。例えば、日曜日に美容室に行って髪の毛をカットしたとします。あなたは前髪を少し短く切り過ぎたかなと思って月曜日に出勤したのですが、リーダーや同僚の誰も髪の毛をカットしたことに気づきません。

これは何を意味するでしょうか。それは誰もあなたの髪型には興味関心がなく、普段から意識していないということがいえるかもしれません。

もし、普段から部下のことを見ているのであれば、「○○君、髪の毛切った?」という言葉がかかるでしょう。そうすれば部下は「はい、ちょっと前髪を切り過ぎたかもしれません」などと会話もできます。部下からすれば、リーダーは見てくれているんだという気持ちになりますね。

私はあなたを見ている

このように相手を見ているということを相手に伝えることが重要です。前述のように、髪の毛を切ったということの他にも、新しいネクタイをしてきた、新しいカバンを持って出勤したなど、些細な変化に気づいたら相手に伝えるだけで、「私はあなたのことを普段から見ているんだよ」ということが伝わります。

ここで注意したいのは、伝えるのはあくまでも見えたことを見えたまま伝えるということなので、あなたの勝手な評価を含まないほうがよいということです。

例えば、「前髪、ちょっと短いな」、「その新しいネクタイは派手過ぎないか」、「その新しいカバンは外回りをするには大きいな」という言い方には評価が入っています。相手を見ている点では同じですが、評価をするのではなく、あくまでも〝私はあなたを見ているのですよ〟〝私はあなたの変化に気づいているのですよ〟ということを相手に知らせることが大切です。

〝私はあなたを見ている〟ということを相手に伝えるもっとも基本的な原点にあるのが〝挨拶〟です。オフィスに部下が出勤してきたら、部下から挨拶をしてくるまで知らんぷりをして待つのではなく、上司から部下に対して気持ちよく挨拶をし、〝あなたのことを見ていますよ〟というメッセージを送りましょう。

4　チームビルディングとは何をするのか

チームビルディングとは

前節では、挨拶は部下がしてくるのを上司が待つのではなく、上司から部下に挨拶をすることの説明をしました。本節ではチームビルディングについて考えていきたいと思います。

そもそも、チームビルディングとは何を意味するのでしょうか。

まさしくチームをビルドするわけですから、チームを築き上げていくことを意味します。築くということは上の段階に上がることです。つまり、チームを築くことで、１人ではできないことがチームではできなければいけません。チームで仕事をすることにより、よりレベルの高い仕事ができるのです。チームを築くことでレベルの低い仕事しかできないというのは全く意味がありません。

ところが、現実にはチームビルディングどころか、反対のことが起こっている職場があります。build の反対の言葉は何でしょうか。辞書で調べると、destroy という言葉が出てきます。つまり、「壊す」「破壊する」という意味です。

１人ではできないことをチームで成し遂げるどころか、チームを壊してしまうのです。時にはチームを壊すのではなく、特定の個人が壊されてしまうのです。チーム内における身勝手な行動や、特定の個人に対する嫌がらせなどはよく耳にします。

チームを築き上げるためにすべきこと

では、チームを築き上げるためには何をすればよいのでしょうか。実はその答えはすでに本章で述べています。チームリーダーがすべきことをチームメンバー全員で実行するのです。

まずは「相手を知ってありのままを受け入れる」ことをチームメンバー全員が行うのです。上司と部下の関係は一対一ですが、チームの場合は複数対複数になります。本章の第１節でジョハリの窓を紹介しました。

つまり、メンバー1人ひとりが相手に知られていない自分のことを開示することが必要です。これが「自己開示」です。

例えば、自分の意外な一面、人には知られていない性格、悩み事、プライベートでの趣味などの話をすると、それを知ったメンバーは興味関心を持ってくれ、お互いの距離感が縮まります。ただし、自己開示には勇気が必要です。こんなことを話したら、変な目で見られないかとか、恥ずかしいという気持ちになるものです。

そのため、メンバーは相手の話を聞いて、それが良いとか悪いではなく、ただ単にそれを知って受け入れるだけで構わないのです。そこに何ら相手を評価するという行為は入れてはいけません。また自己開示をされることは、私のことをあなたに知って欲しい、あなたとの距離を縮めたいというメッセージですので、自己開示を受ける側にとっても喜ばしいことです。

次に、相手が自分では気づいていないが、周囲が気づいている窓を相手に知らせることです。相手の言動や性格が周囲のメンバーに与えている影響も客観的に伝えます。この場合も評価は含みません。

この気づかない窓を相手に伝えるのは非常に難しいため、慎重に行う必要があります。伝え方を間違えると相手を傷つけたり、感情的になってしまい、関係が悪化することもあります。そのためにもチームメンバーがお互いに話やすい場をつくることが必要です。

チームビルディングの手法

チームビルディングの手法の1つとして、ジョハリの窓を研修の中で演習として取り入れることがあります。

チームビルディングの一環として、お互いのことを知って受け入れることが必要であるならば、仕事や会議の席ではなく、あえて研修という場を設けて仕事を切り離した世界でお互いの自己理解を深めるジョハリの窓の演習をされるとよいでしょう。

チームビルディングで重要なことは、チームメンバーがそれぞれお互いのことに興味関心を持つことです。興味関心を持つとは、メンバーの見える部分だけを見るのではなく、見えない部分を見て、〝疑問文〟を持つのです。

「なぜ、あの人はこのような行動を起こしたのだろう」や「なぜ、あの人は悲しんでいるんだろう」という疑問を持つことで、相手への関心が高まり、相手のことを見るようになります。

これも、仕事の場ではなく、チームで研修のような場を設けてお互いの疑問を聞き合うような演習をすればお互いに興味関心を抱くきっかけとなり、チームビルディングに良い効果が表れます。

チームビルディングの研修といっても様々なものがあります。あるテーマのもとにメンバー同士で解決策を考えるものや、楽しいゲームを取り入れるもの、アウトドアでアクティビティを実施するものなど色々ありますが、１日楽しかったで終わらないようにしないといけません。必ず、お互いのことを理解し、認め合い、受け入れるための対話を取り入れることが大切です。

5　馴れ合いにならず言うべきことは言う

仲よしクラブにならない

前節では、チームビルディングについて考えました。チームメンバー全員がお互いのことを知ってありのままを受け入れること、メンバー1人ひとりが相手に知られていない自分のことを開示すること、チームメンバーそれぞれお互いのことに興味関心を持つことが必要であることを見てきました。

ところが、チームがある程度仲良くなってきたら、少しずつ馴れ合いになり、多少のことでも大目に見て見過ごすことがあります。

何か問題になることがあっても指摘もせずに見過ごすことで、それが知らぬ間に企業倫理に反することになります。

チームリーダーが注意すべきことは〝仲良しクラブ〟にならないことです。仲良しクラブは一見してとても楽しそうで、活気にあふれているように見えますが、知らぬ間に馴れ合いになってしまい、お互いがお互いを甘やかすようになります。そのため、リーダーは多少言いにくいことでも、言わなければなりません。

ここでは、個人に対してとチームメンバーに対しての2つの言い方について考えます。

言いにくいことを言う

まず個人に対してですが、リーダーとして必ず守らないといけないのは冷静な態度です。特に言い方には注意をする必要があります。決してやってはいけないのは、感情的になったときに感情のままに言うことです。

感情的になってしまうと、相手を傷つけてしまうことになり、せっかく築き上げた信頼関係を損なうことになりますので、感情的になったときは少し間を開けて気分を落ち着かせなければなりません。

そして言いにくいことを言うときは、相手が受け入れることができる状況でなければなりません。仕事中、突然意表を突くように言われても、相手はその言葉を受け入れるのに時間がかかるか、あなたに対して拒否反応を示すかもしれません。伝えたい内容にもよりますが、相手が受け入れることができる状況をつくる必要があります。

例えば、「○○さん、今日の夕方5時頃にちょっと時間空けてもらってよいですか」のように言っておけば、相手は何を言われるのだろうかと思って、自分の仕事や言動のことを振り返り、心づもりをすることができます。もしくはすぐにでも言わなければならないのであれば、「○○さん、ちょっとよいですか」と言って、席を外して話をするとよいでしょう。

実際に言いたいことを言うときに必要なことは、冷静であるということと、客観的であることが重要です。客観的な事実を淡々と伝えなければなりません。

そしてその事実を相手に知らせたうえで、そのことによって、自分やチームメンバーにどのような影響があったのかを伝えます。事実は誰が見ても明らかな事実ですが、そこに至るプロセスや事実をどう解釈するかは人によって違います。

部下の仕事の進め方やものごとのとらえ方がチームワーク・チーム運営という視点からおかしいのであれば、チームとしての基準を一緒に考えて改めて理解を深めるとよいでしょう。

次にチームメンバーに対してですが、想定される場としては朝礼や会議の場、もしくは仕事中などがあります。朝礼や会議の場は時間が予定されたあらたまった場ですので、メンバーもリーダーの話を聞く準備ができています。

職場でリーダーが仕事中に突然話をすると唐突感がありますが、それだけ緊急であるという雰囲気が伝わるでしょう。

また、メンバーに対して話をするときは個人に対して話をするときと比べ、多少厳しくても構いません。チームとして気が緩んでいる場合は、特定の個人ではありませんので、メンバーに〝気合を入れる〟つもりで話をすればよいでしょう。

ただし、このときも感情を失ってはいけません。感情を失うとメンバーから冷めた目で見られてしまいます。普段より、声を大きくして話すようにすれば、リーダーは本気で伝えたいのだということが伝わります。

6　主体性を発揮するチームになる

主体性とは

前節では、チームワークとは〝仲良しクラブ〟のような馴れ合いではなく、言うべきことを言えるチームであることが大切だとお話しました。チーム運営においてもう1つ大切な〝主体性〟というキーワードを考えてみたいと思います。

主体性は最近の人材育成においてもっとも重要なキーワードの1つです。私が経営者や人事のご担当者からよく相談を受けるのは、「当社の若手社員は主体性がない」「主体性を発揮するための研修を実施したい」というものです。

私はそもそも子どもの頃から主体性なく育ってきた人が、社会に出て研修を受けていきなり主体性が身につくかというとそう簡単なことではないと考えています。

では、まず最初に主体性の定義について整理しましょう。主体性という言葉が注目されるきっかけの1つは「社会人基礎力」が提唱されたことによります。社会人基礎力は平成18年に経済産業省が提唱しました。当時の時代背景としていわれていたことは、企業の現場において新しい価値を生み出すために課題の発見、解決に向けた実行力、異分野と融合するチームワークなどの能力が強く求められていました。

〔図表５　社会人基礎力３つの能力・１２の要素〕

分類	能力要素	内容
前に踏み出す力（アクション）	主体性	物事に進んで取り組む力
	働きかけ力	他人に働きかけ巻き込む力
	実行力	目的を設定し確実に行動する力
考え抜く力（シンキング）	課題発見力	現状を分析し目的や課題を明らかにする力
	計画力	課題の解決に向けたプロセスを明らかにし準備する力
	創造力	新しい価値を生み出す力
チームで働く力（チームワーク）	発信力	自分の意見をわかりやすく伝える力
	傾聴力	相手の意見を丁寧に聴く力
	柔軟性	意見の違いや立場の違いを理解する力
	状況把握力	自分と周囲の人々と物事の関係性を理解する力
	規律性	社会のルールや人との約束を守る力
	ストレスコントロール力	ストレスの発生源に対応する力

出典：経済産業省 HP よりより

ところが、これらの能力を「自然に」磨く場であった家庭や地域社会、部活動や集団活動などにおける教育力は落ち込んでおり、「職場や地域で求められる能力」が低下していることが問題となっていました。

そこで、経済産業省がワーキンググループでの検討を経て、平成18年に「社会人基礎力」を公表したのです。

社会人基礎力は図表５のように、社会人に必要な３つの能力と12の要素にまとめられています。

この社会人基礎力の中に「前に踏み出す力（アクション）」が１つ目の大きな柱としてあります。「前に踏み出す力」はさらに３つの能力要素から構成され、そのうちの１つが「主体性」なのです。

ここでは、その他の能力要素について細かく触れませんが、主体性についてもう少し考えましょう。

主体性は積極性とよく似た意味で使われますが、少し異なった意味があります。それぞれの対義語を比較するとイメージしやすいです。積極的の対義語は「消極的」ですが、主体的の対義語は「受動的」や「従属的」という言葉が出てきます。

つまり、主体性がない人は指示待ち人間で、自ら働きかけないということです。このような人はチームワークを乱すことはありませんが、チーム運営という観点では問題があります。

リーダーが常にそばにいて細かく指示を出せればよいですが、決してそんなことはありません。リーダーがいなくても自らが考えて行動することが必要です。

主体性があるとは、自分が主人公になって考え、自ら動くことです。私は主体性がない人に対していつも「自分が職場の主人公になって考えましょう」と言っています。

7　飲み会ではなくランチ会を開く

第3章のテーマは「メンバー同士の関係を深め、お互いの協働意識を高めるには」でした。チームメンバーが相手のことを知ってありのままを受け入れること、そのためにはお互いが相手に関心を持って観察すること、チームワークが良くなってきても馴れ合いにならず言うべきことは言わなければならないこと、チームメンバーが主体性を発揮することの重要さなどを説明してきました。

本章の最後は、「飲み会ではなくランチ会を開く」です。

飲み会に頼らない

人間関係を構築するのに手っ取り早いのは、やはり仕事が終わってから居酒屋などでお酒を交えながら、ざっくばらんに色々と話をするのがよいでしょう。私も今でも覚えていますが、社会人になってはじめての配属先が東京で、寮生活をしている時期がありました。当時上司である係長が関西から上京してきた若者を毎日のように食事に連れていってくださいました。その上司と仕事のことや人間関係のことなど、色々とお話をすることで東京での生活に慣れていったことを覚えています。私が上司になったときも、部下を連れて飲みに行くことがありました。

ただ、私は飲み会に頼り過ぎるのは決してよいとは思いません。なぜならば4つの理由があります。

まず1点目に、飲み会と言っても結局は上司と一緒だと職場と同じように気を使うことになり、部下にとっては仕事の延長になります。よく上司から「一杯おごるから、飲みに行こう」と誘われることがありますが、私は業務時間外の貴重な時間をただ酒が飲めるからといって喜んで行こうとは思いませんでした。

仕事が終わってからの時間は自己投資であったり、色々な人と交流を深めたり、家族との団欒をするなどとても貴重な時間なのです。私はこちらからお金を支払ってもよいから断りたいと思ったことがよくありました。

2点目にアルコールに頼ってしまうということです。本音で話をするのであれば、アルコールの力など必要ありません。上司と部下の信頼関係があればアルコールは不要です。アルコールに頼ってお互いに腹を割って話をしようというのは、そもそも動機が間違っています。

３点目は不健康だということです。適度なアルコールはストレス解消にはとてもよいのですが、人によって飲める量が違いますし、上司に注がれるとつい断れず飲んでしまうことがあります。また、喫煙ができる居酒屋もあります。タバコを吸わない人からすると横の席で他の客にタバコを吸われ、その煙を吸ってしまうという受動喫煙にもなります。

４点目にお金がかかるということです。たとえ上司のおごりだったとしても、部下の分も負担するのは決しておすすめできることではありません。

おすすめはランチ会

そこで私は飲み会ではなく、ランチ会をおすすめします。ランチ会は飲み会のデメリットをすべてクリアできます。

まず、仕事の話は仕事中にすべきです。飲み会を否定するわけではないのですが、私は飲み会は仕事の話ではなく、歓迎会や送別会、仕事が一区切りついたときの打ち上げ程度にしたほうがメリハリがあってよいと思います。

ランチ会であれば、昼の休憩時間を割くことになりますが、業務時間内ですし飲み会のようにずるずると時間を無駄にすることなく、１時間程度で終わります。

職場の会議室や応接室で話をすることに比べて、気分を変えながら話をすることができます。またランチ会であれば終わりの時間が決まっているので、長時間部下を付き合わせることにはなりません。

2点目に、アルコールに頼らずに腹を割って話をしようと思うと、本当の意味での信頼関係がなければできないからです。

3点目は言うまでもなく健康的です。ランチの時間帯は喫煙不可の店も多いですし、タバコを吸わない部下の受動喫煙の問題もありません。

4点目にお金がかからないということです。たとえ上司のおごりであったとしても、飲み会のように多額の費用はかかりませんし、部下に気を使わすほどの出費でもありません。

チームリーダーとメンバーが月に1回ほど一緒にランチ会を開催するのはとても素敵だと思います。

私のある上司はとても優秀で多忙を極めていました。昼食を取る時間もないのでよくデスクでおにぎりを買って食べておられました。そんな上司からランチに誘ってもらったときは本当に嬉しかったです。

ちなみに、その上司とは仕事が終わってから一対一で飲みに行ったことはありません。

それでも強固な信頼関係がありましたので、飲み会に時間とお金を費やす必要はないと思います。

第4章

チームが機能する報連相

1　仕事は指示に始まり報告で終わる

思い付き指示では誰も動かない

チームリーダーは1人で仕事をするのではなく、メンバー全員で目標を達成できるようにチームを運営しなければなりません。

目標達成のためにはPDCAサイクルが重要であることはすでに第2章で見てきました。目標を達成するためにはチームリーダーがメンバーに対して業務指示を出し、メンバーが結果を出すまで確認をしてサポートすることが必要です。実は本節のタイトルである仕事は指示に始まり報告で終わるもPDCAサイクルなのです。

では具体的に見ていきましょう。

まず、リーダーが指示を出すときには計画性が必要です。部下から見て一番厄介な指示は〝思い付き〟指示です。

リーダーがたまたま新聞やニュースを見て競合他社の取り組みがよかったからとか、面白そうだからとか、とりあえずやっておかないと社長から何か言われそうだからなどの理由がチームメンバーから見ても明らかにわかるような指示では、部下はまず行動を起こそうとしないでしょう。

リーダーがそのような動機で指示をしても、今は忙しいからすぐに対応できないと適当な理由を言ったり、行動を起こしてもそもそも真剣に取り組もうとしないため、軽く流してしまうでしょう。

部下が困惑するいきなり指示

私もこのような経験を多くしてきました。一番つらかったのは、朝出勤しておはようの挨拶の次にいきなり指示が飛んでくることです。

私からすると、朝いきなりそんな指示を出されても、他の仕事の兼ね合いもあり、どのように優先順位をつければよいのか本当に困ったものです。

業務の指示をするときはたとえ急ぎであったとしても、部下への配慮として今の仕事の状況を確認することと、これからの予定を聞いて今後の状況を確認することをしなければなりません。

指示と理由説明

チームリーダーの指示が動機としては思い付きであったとしても、きちんと理由を考えて明確に説明できるものであれば、チームメンバーからも協力を得られるでしょう。

なぜ、その仕事をしなければならないか、なぜ、その仕事をその部下に依頼しなければならないのかをリーダーが丁寧に説明すべきです。

忙しいリーダーであればあるほど、指示をする際に十分な説明をせず、部下から反論が出たら、「つべこべ言わずにやれ！」と言ってしまいがちです。こんな指示では誰もやろうとは思いません。

また、指示をする際に、複数の部下がいるにも関わらず、なぜ私に指示をするのかと被害者意識を持つ人もいるものです。

複数の部下がいる中で、特定の部下に指示をする際には、なぜその仕事をその部下に依頼するのかも明確に説明しなければなりません。

指示後の報告

指示が終わったら必ず報告をさせなければなりません。よく指示を受けてその仕事が終わったとしても報告しない人がいますが、それはまだ仕事は終わっていないのです。報告をしてようやく仕事が終わったことになります。

報告をさせるタイミングは原則として仕事が終わった直後です。

例えば、営業職など外で仕事をする人であれば外出から帰ってきた直後が報告のタイミングですが、仕事の内容によっては帰社する前に出先から電話を入れて報告をするなど、早ければ早いほうがよいということをチームメンバー全員が認識するようにしましょう。

チームのコミュニケーションがしっかりとできているかどうかのバロメーターは報告ができているかどうかでわかります。

コミュニケーションといっても様々なコミュニケーションがありますが、報告は仕事直結型のコミュニケーションです。リーダーは常にそのことをメンバーに意識させせましょう。

また、リーダーは自身の仕事について、上司に報告する必要があります。部下に報告をさせておいて、自分自身が上司に報告できないようでは意味がありません。自らが上司に対して報告している姿勢を示しましょう。

ただし、リーダーからその上司への報告は、部下からの報告の頻度と内容とは若干異なります。リーダーの上司は他にも部下が多くいます。細かいことばかりを報告していると上司も整理がつかなくなりますので、仕事の内容、重要度と緊急度に応じて報告の仕方も変えましょう。

2　指示をするとは

リーダーからの指示が結果を左右する

前節では、仕事は指示に始まり報告で終わる、つまり指示と報告は必ず一対でなければならないとお伝えしました。ということは、最初の指示が間違っていたり、うまく伝わっていなかったりすると、その時点で結果は目に見えています。仕事の内容を間違ってしまい、報告の段階で意図もしなかった報告がなされることになります。

仕事の始まり、つまり上司の指示はとても重要です。本節では、チームリーダーからの指示のあり方について考えてみたいと思います。

指示とは何をすることか

「指示」は指（ゆび）で示すと書きます。では何を指し示すのでしょうか。それは仕事が完了したときの姿です。どのような状態になっていれば仕事が終わったといえるのか、アウトプットのイメージを共有しなければなりません。

私もアウトプットイメージを上司と共有しなかったことで、大きな失敗をしたことがあります。あるとき、新聞に競合他社の新商品の記事が掲載されていました。そこで上司から「競合他社の新商品について経営陣に報告をするので、どのような商品なのか情報を調べてまとめて欲しい」と指示がありました。

私は良い仕事をしようと思って、様々な情報源から情報収集を行い、関係者へヒアリングを行うなどして、綿密に調査を行いました。そして、ページ数にすると10ページほどの立派な報告書を完成させ、意気揚々と上司に提出したのです。

私は上司から「こんな立派な報告書を仕上げるなんてすごいぞ」と褒められると思っていたのですが、上司は私の資料を見るとすぐにこう言いました。「今まで何をしていたんだ。誰がここまでの作業をやれと言ったんだ。指示してから君から何の報告もないので、競合他社の新商品に関するレポートは私がつくって経営陣に報告したよ」。

私は言葉を失ってしまい、言い訳をすることもできず、相当なショックを受けました。誰を責めてよいのかもわかりませんでした。アウトプットイメージを伝えない上司も悪いですが、上司の求めていることを確認していなかった私も悪いといえます。

上司が求めていたことは、Ａ４用紙1枚程度の報告書でよかったのです。上司の目的はすぐに経営陣に第一報を伝えたかったのです。私はアウトプットイメージを明確にすることもなく、すごい報告書を作成しようと勝手な解釈で仕事をしてしまったのです。

この苦い経験の後は、上司から資料の提出を求められたときは必ずアウトプットイメージを聞いて確認しています。

例えば「資料はＡ４用紙で何枚程度にまとめたらよいですか？」「縦書きか横書きかどちらがよいですか？」「パワーポイントかワードかどちらのフォーマットがよろしいですか？」というように詳細について必ず確認するようになりました。

そうすると上司も「Ａ４用紙1枚の横書きでよいよ。ワードで簡単にまとめておいて」と返してくれます。それからは、提出してからお互いの認識が違うということはなくなりました。

アウトプットイメージを明確に伝える

このようなことが起こらないためにも、チームリーダーが指示をするときは必ずアウトプットイメージを明確に伝えることです。部下からするとリーダーに対して聞きづらいということもありますので、リーダーから気を付けてアウトプットイメージを伝えるべきです。

このようなことは誰もがわかっているようで、実はなかなかできていません。指示をするリーダーは、そこまで言わなくてもわかっているだろうと勝手に思い込んでしまったり、リーダー自身気づいていないこともあります。

お互いがアウトプットイメージを明確にすることを習慣にしたいものです。

3　リーダーの指示は明確に

仕事を確実にするための指示とは

前節では、指示とはどういうことか。リーダーが求めているアウトプットイメージを部下と共有することが重要であることをお伝えしました。では、具体的なリーダーの指示はどうあるべきでしょうか。本節では、仕事を確実にするための指示について考えていきます。

仕事を確実にするための指示とはどういうことでしょうか。

例えば、あなたが上司から会議資料3枚を10セットコピーするよう依頼されたとします。あなたはコピーをして上司に原紙とコピー10セットを渡しました。

すると上司から、「3枚バラバラに渡されても意味がないので、10セットともホチキスで止めておくように」と言われました。左上に一か所ホチキスで止めて上司に渡したところ今度は「左上ではなく右上に一か所にして欲しい」と言われてしまいました。また提出は上司宛ではなく、「総務部の佐藤部長に持って行くように」と言われました。

こんな無駄なやり取りはないと思いますが、このようなことはなぜ起こるのでしょうか。もちろん、アウトプットイメージを明確にしていないということもありますが、アウトプットイメージを明確にするためには抜け漏れがない指示の聞き方をしなければなりません。

上司は漏れがない指示の仕方を

指示をする上司も抜け漏れがない指示の仕方をしなければなりません。では抜け漏れがないために何に気を付けて指示をすればよいのでしょうか。そのときに使い勝手がよいのが、フレームワークというものです。

フレームワークとは物事を考えるための枠組みで、抜け漏れや重複がないように分類されており、考え漏れをなくして大きな視点で物事を捉えることができます。

例えば、今回のようなコピーの指示であれば、5W3Hのフレームを使うとよいでしょう。5W3Hとは、何を（What）、いくつ（How many）、誰が・誰と・誰に（Who）、どのように（How）、いつまでに（When）、どこで・どこに（Where）、いくらの予算で（How much）するのか。また、それは何のために（Why）行うのかという視点で指示内容を確認していきます。

今回の例であれば、何を（What）はコピーを、いくつ（How many）は10セット、誰が・誰に（Who）は私が、総務部の佐藤部長宛に、どのように（How）は、白黒の両面コピーで右上ホッチキス留めで、いつまでに（When）は今日の17時までに、どこに（Where）は総務部のオフィスにと整理すれば確実に指示をこなすことができます。

この場合はHow muchは指示の対象にありませんので、気にしなくてもよいでしょう。Whyは上司にいちいち聞くのではなく、自分で「なぜ（Why）この仕事が必要とされているのか」とその指示の意味を考えれば、単純作業をするだけでなく仕事の意義をより理解するのに役立つでしょう。

上司からの指示の受け方

私はこれと同じことを新入社員の研修でも伝えています。上司から指示を受けるときは、十分な理解もせず勝手に仕事をしてはいけません。

指示を受ける際は、アウトプットのイメージを確認し、何を（What）、いくつ（How many）、誰が・誰と・誰に（Who）、どのように（How）、いつまでに（When）、どこで・どこに（Where）、いくらの予算で（How much）するのか、何のために（Why）は上司に聞くのではなく、自分でその仕事はなぜ必要とされているのかを考えるようお伝えしています。

上司と部下がお互いにこのことを確認していれば、指示内容に関する認識のずれは起こる可能性は低くなるでしょう。

そして、指示を受けるときはメモは必須です。私は色々な会社の若手社員と接するのですが、私が何かお話をしたときにさっとメモを出す習慣のある会社はミスが少ないです。反対にメモを取る習慣がない会社は仕事に漏れが起こりやすいです。

４　報告をルール化する

報告に対する考え方は人それぞれ

前節では、抜け漏れがない確実な指示をするためにはどうすればよいのかを説明してきました。指示をする際は５Ｗ３Ｈのフレームを活用することはすでに見てきましたが、その後の報告がなかなかうまくできないのです。

指示をしたチームリーダーはイライラして待っているのですが、メンバーからなかなか報告がありません。これは報告をすべき部下が悪いのではなく、報告に対する考え方が人によって様々であるというだけです。

私も元々報告はあまり密に行わないほうでした。おそらく私は逐一報告しなくても、仕事はうまくいくものだと自分のことを過信していたのかもしれません。あるいは報告の頻度が多すぎると周囲のメンバーから私が上司にゴマをすっているように見られたくないと思っていたのかもしれません。

報告のルール化

ただし、報告がなされていないとコミュニケーションが適切に取れなくなり、チーム運営に支障をきたすことがあります。そこで報告することにルールを設けるのです。

まずは報告のルートです。報告の相手は指示をしてきた人に直接行うのが原則です。指示をした人を飛び越してその上の上司に報告を行うと、あなたに指示をした上司の面目がつぶれてしまうだけでなく、あなたとの関係も悪くなってしまいます。

例えば、あなたに課長から指示があったとします。あなたはその報告を課長を飛ばして部長に直接してしまうと、飛ばされた課長の立場がなくなってしまいます。

ただし、せっかちな部長が課長を飛び越して部下に報告を求めることもあれば、社員とのコミュニケーションを部長自らが積極的に行いたいという目的で、報告を求めることもあります。

そのようなときは後で課長に「部長から直接お話があったので、先に報告をしておきましたが、」と言ってすぐに同じ内容を課長に対しても報告しなければなりません。

報告のタイミング

次にタイミングのルールです。報告のタイミングは早ければ早いほどよいのですが、案件が1つ終わるたびに報告すると、報告する側もされる側も手間がかかります。重要度に応じてタイミングを設定するのがよいでしょう。

重要度が高いものはその案件が進捗するたびに報告を行い、重要度が低いものは最後にまとめて報告を行うのです。

ただし、新入社員やまだ仕事に慣れてない社員の場合、たとえ重要度が低くても最後にまとめて報告をさせるのはチームリーダーとしても心配になりますので、そのような場合は重要度が低くても案件が終わるたびに報告をさせることで密なコミュニケーションができます。

また、悪い報告はすぐに行うように徹底しなければなりません。社外や社内に知られてしまうとまずいと思うようなことは、報告したくないものですが、後になればなるほど事態が悪化し、取り返しのつかないこともありますので、すぐに報告するルールを徹底しなければなりません。

報告の手段

次に報告の手段です。報告の手段は原則口頭です。指示を出した人に対して口頭で報告するのがルールです。口頭はできれば対面が望ましいですが、外出中や出張中などは電話での報告にします。

電話をしたときに報告する相手が会議や来客などで席を外しているときもありますが、その際はメッセージを残してもらい、後から改めて電話を入れるのが望ましいです。

最近は、メールだけでさらっと報告する人もいますが、メールを使うのは一度口頭による報告をしてから、忘備録として補完的に使うとより確実な報告になります。

また最近ではラインやフェイスブックのメッセージ機能を使って報告する人もいるようです。このようなSNSはあくまでもプライベートのものですので仕事で使うことは慎みます。

結果報告と途中報告、そして前報告と後報告

最後に、結果報告と途中報告、そして前報告と後報告を分けて報告させることもルールづけます。仕事には資料作成などの短期で終わる仕事もあれば、顧客との取引条件交渉から契約を締結するまでの長期に渡る仕事もあります。

特に長期に渡る仕事については、節目で報告する途中報告をルール化します。また取引条件や支払条件を提示するときや、契約書を提示するときなどは重要な節目といえますので、その前報告と後報告を意識的にすることをルールづけます。

本節では報告のルール化について見てきましたが、チーム内で報告がスムーズになされるのは血液の循環がよいことに例えられますので、徹底するようにしましょう。

5　報連相はリーダーから？

最近の新入社員の傾向

前節では、報告のルールづけについて考えました。具体的には報告のルート、報告のタイミング、報告の手段、結果報告と途中報告、そして前報告と後報告などのルールづけを見てきました。

報告のルートは指示を受けた者が指示を出した者に直接報告を行うことがルールであるとお伝えしたのですが、実は最近では状況が一変しているのです。つまり、報告・連絡・相談は部下から言っ

てくるのを待つ時代ではないのです。

私は毎年4月に新入社員の方を対象に公開セミナーや企業内研修をたくさん行います。4月の第1週と2週はほぼ毎日新入社員研修です。この期間だけでも300人程度の新社会人にお目にかかります。そんな中で最近特に感じることがあります。新社会人全員に当てはまるとは言いませんが、多くの方が大人しいのです。

研修中は自分から他者へ働きかけるということがなく、受け身の方が多いのです。

このような方があなたの職場に配属されると、報告・連絡・相談をしなさいと言っても彼らからはなかなかしてきません。上司や先輩はいつまで経っても報告・連絡・相談をしてこないのでイライラが募ります。そのうちに、いつになったら報告してくるんだと怒りたくもなります。

ところが、このイライラや怒りはあなたの中で勝手に起こっている現象であって、新入社員の中にはそのようなものはありません。報告をしなければという焦りもありません。

つまり、あなたがイライラや怒りの思いを持てば持つほど精神的に疲れるだけです。前節のように報告についてルールをつくっても、他者に自ら働き掛けることができない新入社員にとって、そのルールを守るのは大きなハードルです。

上司や先輩から聞きにいく

では、どうすればよいのでしょうか。それは上司や先輩から聞きに行くことです。私は報告・連絡・相談は部下からするものだという考えはひと昔前のことで、今は時代が変わっていて上司から聞きにいくものだと考えています。

私も含めて自ら報連相をすることに慣れており、それが当たり前だと思っている人にとってはこのようなことを言うとびっくりされると思いますが、時代は変わっているのです。

社会人になるまでの彼らは、人から働き掛けられる環境が当たり前になっていますので、社会に出てからいきなり自ら働きかけなさいと言われてもすぐにはできません。

それを社会人になっていきなり変えさせることも難しいです。特に報告に関して言えば、上司や先輩が根気よく待つことを心掛けても、仕事をするうえでは重要な情報が上にすぐに伝わらないのはよくありません。

ですから、上司や先輩から聞きに行くのです。その際に重要なのは、「何か報告することはあるかな」とオープンに問いかけても、「そうですね、特にないです」とか、上司や先輩にとってあまり重要でないことについて報告をすることがあります。

したがって「何か報告することはあるかな」というオープンな問い掛けではなく、「先日お願いした○○について、その後どうなっているか教えてくれるかな」とピンポイントで問い掛けるのです。

連絡や相談についても同じです。昔は部下から「ちょっと相談があるのですが、少々お時間頂くことはできますか」と相談を持ち掛けたものですが、自ら働きかけることに慣れていない新入社員はなかなか相談にも来ません。

そこで、こちらから相談事がないかを聞きにいく必要があります。この場合は、「何か困ったことがあるかな」や「何か相談はあるか」というようなオープンな問い掛けでも構わないと思います。ただし、悩み事や相談事は言いにくいこともありますので、こちらから見て気になることがあれば、「〇〇について少し気になっているんだけど、相談しておくことはあるかな」と、的を絞って聞いたほうがよいでしょう。

これらの報告や相談を尋ねる頻度は期間が短すぎるのも、長すぎるのもよくありませんので、相手の様子を見ながら週に1回、必要であれば週に2回は聞いてみてもよいでしょう。

このように上司や先輩から報連相を聞いていく中で、彼らが次第にそのようなコミュニケーションの重要さを学び、そのやり方に慣れれば、今度は自ら報連相するように教育をしていきましょう。

6　メンバーから報告しやすいリーダーになる

部下から報連相したくないリーダー

前節では、上司や先輩から報告や相談を聞きに行くことの重要性をお伝えしました。最終的には部下から報告・連絡・相談を積極的にしてもらわなければいけませんが、それを妨げることがあります。それはリーダー自身です。部下から報連相をしたくても、リーダーが自らその環境を壊してしまっているのです。

皆さんもそうだと思いますが、部下や後輩を持つリーダーは、自分でも多くの仕事を抱えており、とても忙しいのが現実です。リーダーが忙しいのは周りから見てもよくわかります。

リーダーが忙しいと部下や後輩は報告したいことや相談したいことがあっても、なかなか話掛けるタイミングを見出せず、言うべきことが遅れてしまうことがよくあります。

たとえ、勇気を出して声を掛けたとしても、リーダーから「今忙しいので、後からでもよいかな」と言ってしまうと、いつ話掛けたらよいのかわからなくなってしまいます。リーダーは終日忙しいので、部下から話し掛けるタイミングがないのです。

忙しいオーラ

また、リーダーが忙しいと〝忙しいオーラ〟が出ています。今、私は忙しいんだ。今、話し掛けられたら困るんだ。というオーラが顔からも身体からも出ているので、誰も近寄ることができません。

皆さんはそのようなオーラを発していないでしょうか。

チームはリーダーの雰囲気に左右されやすいため、リーダーが忙しくて怪訝な顔つきをしていると周囲のメンバーも怪訝な顔つきになってしまいます。

リーダーが近寄って来るなというオーラを発すると、他のメンバーからも近寄らないでというオーラが出されてしまいます。このような状況だとチームワークどころではありません。

つまりリーダーはたとえ忙しくても、近寄りやすい雰囲気を出すべきです。近寄りやすいというのはリーダーシップの基本でもあり、本質でもあります。たとえ忙しくても、常に近寄りやすい、話しやすいリーダーでいることが重要です。

報告しやすいリーダーとは

では、報告しやすいリーダーであるためには何が必要でしょうか。やはり、常に話し掛けやすい雰囲気や表情を心掛けるべきです。そして、部下や後輩から報告や相談があれば、まずそのことに対して褒めたり、お礼や感謝を伝えることが必要です。

「大切なことを伝えてくれてありがとう」と相手に言えることが必要です。

そして、相手から話を聞いたら次に必ず伝えたいことがあります。それは次の報告を期待していると伝えることです。

例えば、「では、次回の報告を期待して待っているよ」や「では、また何か進捗があれば教えてくれるかな」と相手に伝えることで、次の報告につなげることができます。

忙しいときの対応

本当に忙しくて報告や相談に来られても対応できないときはどうすればよいでしょうか。「今、忙しいから後からにしてくれるかな」はコミュニケーションの断絶を起こしかねません。後からというのを明確にすべきです。

「今、忙しいから午後5時からでもよいかな」と言って時間も明確にしておくべきです。そうしないと、忙しいリーダーに対していつ声を掛ければよいのかわからなくなってしまいます。

もう1つ重要なのは、午後5時になったらこちらから声を掛けることです。一度報告に行って断られた立場からすると、たとえ5時と言われても、もう1回話し掛けて断られたらさらに気持ちが滅入ってしまいます。

午後5時になったらリーダーから、「○○さん、さっきは話を聞くことができず、すまなかった。5時になったので聞かせてくれるかな」とこちらから声を掛けることが重要です。

このように、せっかく報告に来てくれたのに対応できなかったことに対して、一度お詫びを伝えたうえで、報告を求めましょう。

また、こちらがどんなに忙しくても、緊急の報告ということもありますので、「緊急のことなら、2～3分で結論を教えてくれるかな」と結論だけ聞いておいて、詳細は後で聞いたほうがよいこともありますので、内容に応じて柔軟に対応することを心掛けましょう。

7　相談は部下育成のコミュニケーション

相談の意味

本章では報連相における報告を中心に見てきましたが、最後に相談について考えてみたいと思います。

相談は部下が困ったことや悩み事を上司に打ち明けて、どうするかを考えることですが、リーダーは相談だからといって簡単に相手に答えてはいけません。

相談にはとても重要な意味があります。まず、相談を受けること自体喜ばしいことだと認識しましょう。それは部下から信頼されているということの証です。部下はリーダーを信頼しているからこそ相談してくるのです。

相談は人にはあまり言いたくないことや、知られたくないことがあります。それを打ち明けるためには、相手を信頼していないといけません。部下から相談を受けることは信頼されていると思って自信を持つとよいでしょう。

ただし、ここで勘違いしてはいけないのは、相談と不平不満とは違うということです。よく部下から「ちょっと相談があるのですが、よろしいですか」と言われて話を聞いてみると実際には相談ではなく、仕事や人間関係に関する不平・不満をぶつけてくることが多いです。

不平不満を言ってくる部下はリーダーにその不平不満を解消してもらおうと思って丸投げしてくるものです。

不平不満を相談にするためには、部下にどうしたらよいかを考えさせて、それをリーダーと一緒になって考えなければならないのです。

相談という言葉は「相」と「談」で成り立っています。相談の相は相手の相です。相談の談は話すという意味です。すなわち、相談とは相談者である部下が、相手であるリーダーと一緒になって対話をすることが重要なのです。

相談を受けるときの注意点

では部下から相談を受けるときに何に気を付ければよいのでしょうか。まずは、部下に相談内容について丸投げさせないことです。相談内容はリーダーが解決するものではなく、あくまでも部下が解決しなければなりません。リーダーはその手伝いをし、障害を取り除いてやるのが役割ですので、部下が主体となって相談内容を解決しなければならないことを肝に命じておきましょう。

では、具体的にはどうすればよいのでしょう。部下が相談をしてきたときは、その相談内容について部下はどのようにすればよいか考えさせることです。

部下が相談の内容について、どうすればよいか自分なりに考え、その考えをリーダーにぶつけるようにすればリーダーもアドバイスのしようがあります。部下には相談をする前に自分ならどうしたらよいかを考えさせ、それをリーダーにぶつけて一緒にどうすればよいかを考えるように予めルールを示しておくとよいでしょう。

部下からの相談内容が「私は何も考えていません」というものであれば、自分としてはどうすればよいのかを質問で問い掛けます。部下からすると「それがわからないからリーダーに相談しに来たんだ」と言いたくなるかもしれませんが、それでは部下の育成にはなりません。

部下が成長するためには、まず自分ならどうすべきか、いくつかの選択肢を考えさせてそれをリーダーに話すことで、リーダーとの対話により問題解決を行うことができます。そのことが部下の育成につながっていきます。

これはチームリーダーであるあなた自身にもいえることです。もし、あなたに悩み事や困ったことがあって上司に相談を投げかけるのであれば、そのことについて「自分ならこのようにすればよいと思うのですが、いかがでしょうか」というように相談をすべきです。

「私は何もわからないので、教えてください」というのはすべてを上司に丸投げしていることになりますので、あなたの上司からしてもあなたが何も考えてないように思われます。

相談はあくまでも自分で考えたことを上司にぶつけ、そのことを一緒に考えることで育成につなげるためのコミュニケーションであることを理解しましょう。

ところが、部下自身も本当にどうしてよいか見当もつかないこともあります。そのようなときは「自分で考えなさい」と言ってしまうと逆に突き放してしまうことにもなりますので、いくつかのヒントを与えるとよいでしょう。ここで重要なのはあくまでもヒントであって正解ではないのです。

例えば、部下から相談があったときにリーダーの経験を話すことができます。「私も昔、同じような経験をしたけど、このように対応したことがあるな」という経験にもとづくヒントです。また、他の人が経験した、似たような事例を話すこともできます。「たしか、○○さんも同じような経験をしたな。彼女は、そのときにこのようにしていたぞ」ということもできます。また、リーダーが豊富な経験から思いつく対処法をいくつか提示してやることもできます。ここで重要なのは、〝いくつか〟ということです。ヒントを1つだけ提示すると、答えはそれだけになってしまいますので、選択肢をいくつか用意してあくまでも部下に考えさせて選択させることが重要です。

報連相はマネジメントの根幹をなすコミュニケーション

本章ではチームが機能する報連相について見てきました。報連相は組織が機能するためには必須のマネジメント・コミュニケーションです。これまで報連相は若手社員がいかに上司に対して報告・連絡・相談を〝させるか〟に焦点が当たっていました。しかし、それだけでは組織は機能しないのです。

不祥事を起こした企業の経営者が記者会見で「私は知りませんでした」と弁解するシーンをよく見かけますが、これはまさしく「うちの会社は報連相ができていない組織です」と言っていることになります。もっと厳しい言い方をすれば、「報告してきなかった部下が悪いので、私は悪くありません」と言っているようにも解釈できます。現場の情報がトップまで伝わらないのは、部下から上司へ、その上司から幹部へというマネジメント・コミュニケーションの仕組みが機能していないといえます。さらに、本章で見てきたように、報連相は部下からするだけの時代ではありません。経営幹部から管理職へ、管理職から若手社員へという上から下へのコミュニケーションのラインも機能することが求められます。報連相は下から上へ、上から下へと流れる血液の循環なのです。

第5章

チームリーダーに求められるリーダーシップ

1　リーダーシップとは何か

リーダーシップに正解はあるのか

リーダーシップという言葉は巷に多くあふれ返っています。例えば政治の世界では「今の日本にはリーダーシップが不在だ」、「混沌とした世界で日本のリーダーシップが求められている」などがよくいわれています。

ビジネスの世界では「働き方改革を実現するには経営者が自らリーダーシップを発揮しなければならない」、「今度のプロジェクトを通じて若手社員のリーダーシップを育成しなければならない」などがよくいわれます。

またスポーツの世界では「この試合に勝てたのはキャプテンのリーダーシップのおかげだ」、「チームの将来を考えるとリーダーシップを発揮する選手を育成する必要がある」など、様々なところでリーダーシップが語られています。

リーダーシップという言葉は非常に使い勝手がよいですが、あまりにも抽象的すぎて具体的にどのような意味で使われているかは明確でないような気がします。私は社会人大学院でリーダーシップに関する研究をしてきました。

私のゼミの指導教官は金井壽宏先生でゼミの中でリーダーシップに関する様々なご指導をいただ

きました。金井先生は講義の冒頭にこのようなことを仰いました。「リーダーシップの研究は世界で最も研究されているテーマの１つであるが、もっとも答えが出ていないのもリーダーシップ研究であろう」。

私もまさしくその通りだと思います。学術の世界、政治の世界、ビジネスの世界、スポーツの世界、芸能界の世界、様々なところで多くの方々がそれぞれのリーダーシップ論について語っていますが、どれも間違ってはいません。

各界で成功を収めてきたリーダーは様々な困難を乗り越えて多くの経験を重ね、自分なりのリーダーシップを確立してこられました。これらの経験は大変貴重で、リーダーシップを理解するのに非常に示唆に富んだお話が多く語られています。

では、リーダーシップには正解がないのでしょうか。そのようなことを言うと本書の意味がありませんので、本章では私なりに整理してみたことを述べたいと思います。

リーダーシップとは

リーダーシップという言葉は英語のリード（lead）から来ています。リードを辞書で調べると「導く」、「案内する」、「連れていく」、「引っ張る」、「〜の気にさせる」などという意味が出てきます。

リーダーはこれらを行う人のことですので、「導く人」、「案内する人」、「連れていく人」、「引っ張る人」、「〜の気にさせる人」ということになります。

リーダーシップのshipは接尾語であり方のことを意味します（船という意味ではないようですので、リーダーと一緒に船に乗るということではなさそうです）。friendshipは友達としてのあり方のことですし、partnershipは相手（パートナー）との協力関係のあり方のことです。

リーダーシップとはリーダーとしてのその人のあり方のことだと解釈することができます。つまり、リーダーシップは自分がリーダーとしてどうあるべきかを考えること、自分のリーダーとしてのあり方を問うことがリーダーシップを考えるうえで重要であるといえます。

では、皆さんはリーダーシップという言葉を自分に手繰り寄せてじっくりと考えたことがあるでしょうか。おそらく、リーダーシップについて時間をかけてじっくり考えることはあまりないと思います。本章では、そのことを考えていきたいと思いますので、自分自身のリーダーシップについて一緒に考えていきましょう。

2　リーダーシップのキーワードは目標と影響力とプロセス

リーダーシップの定義

では具体的にリーダーシップについて考えましょう。まず、いわゆる教科書的にはどのように定義されているのでしょうか。私が以前使っていたテキストを引っ張り出して調べてみると、次のような定義が書かれていました。

●「組織化された集団の活動が、目標設定と目標達成に向かって努力するよう影響するプロセス（＝行為）である」ストックディル

●「1つの状況で行使され、コミュニケーション過程を通じて特定の目標ないし諸目標に向かって指揮される個人間影響である」タンネンバウム他

●「目標達成に向けて人々に影響を及ぼすプロセスである」野中
以上、経営学への招待、坂下、白桃書房参照。

●「集団に目標達成を促すよう影響を与える能力である」ロビンス
以上、組織行動のマネジメント、スティーブン・P・ロビンス著、高木訳、ダイヤモンド社参照。

●「リーダーシップとは、フォロワーが目的に向かって自発的に動き出すのに影響を与えるプロセスである」金井
以上、サーバントリーダーシップ入門、金井、かんき出版参照。

●「リーダーシップとは、他者達に何が必要なのか、どのようにしてそれを効率的に遂行するかについて理解と合意を得るために影響を及ぼす過程であり、共有された目的を達成するために個人を動かし、彼らの努力を結集する過程である」ユクル
以上、リーダーシップ入門講座、小野、中央経済社参照。

このように理論を並べるとちょっとわかりにくいですね。本書は大学の授業で使う教科書ではありませんので、クイズ形式で簡単に考えてみましょう。では、ここで問題です。

これらのリーダーシップの定義に共通するキーワードにはどのような言葉があるでしょうか。すべての定義には含まれていませんが、ほとんどの定義には共通するキーワードがあります。できれば3つ探してください。

3つのキーワード

さて、おわかりになりましたでしょうか。すべてには含まれていませんが、これらの定義に共通するのは「目標（もしくは目的）」、「影響」、「過程（もしくはプロセス）」の3つです。

まず、リーダーシップで重要なのは、目標を指し示すことです。これはビジョンと言い換えてもよいでしょう。リーダーはメンバーにビジョンや目標を指し示さなければなりません。ただし、ビジョンや目標を指し示してもそのままでは絵に描いた餅で終わってしまいます。

そのビジョンや目標にメンバーが共感し、それを達成しようと思わなければなりません。そのためにはリーダーが、ビジョンや目標を達成するためにメンバーに影響を与えることが必要になってきます。

そして、ビジョンや目標を指し示してそれらが達成されるまでのプロセスが重要であるということです。

では、皆さんは自分のリーダーシップを考えるときにいかにビジョンや目標を指し示しているかを考えたことがあるでしょうか。

ビジョンや目標は将来のありたい姿や成し遂げたいものでありますので、それを聞いたメンバーが共感してその目標を達成したいと思わなければなりません。

そして目標達成に至るプロセスにおいてリーダーがメンバーに対していかに影響を与えるかが問われます。この自分の影響力を考えることが自分のリーダーシップを考えるときに重要になってきます。次節ではこの影響力について具体的に考えていきます。

3　自分の影響力を考える

5つの影響力

前節ではリーダーシップを考える際のキーワードは「目標（もしくは目的）」、「影響」、「過程（もしくはプロセス）」の３つとお伝えしました。この中でも人に対して影響を与えることはとても重要です。

では皆さんは、自分の影響力について考えたことがあるでしょうか。本節では自分の影響力について考えます。

そもそも影響力とは何なのでしょうか。人に影響を与えるといいますが、私たちは自分の何を使っ

〔図表６　ヒトラーの影響力〕

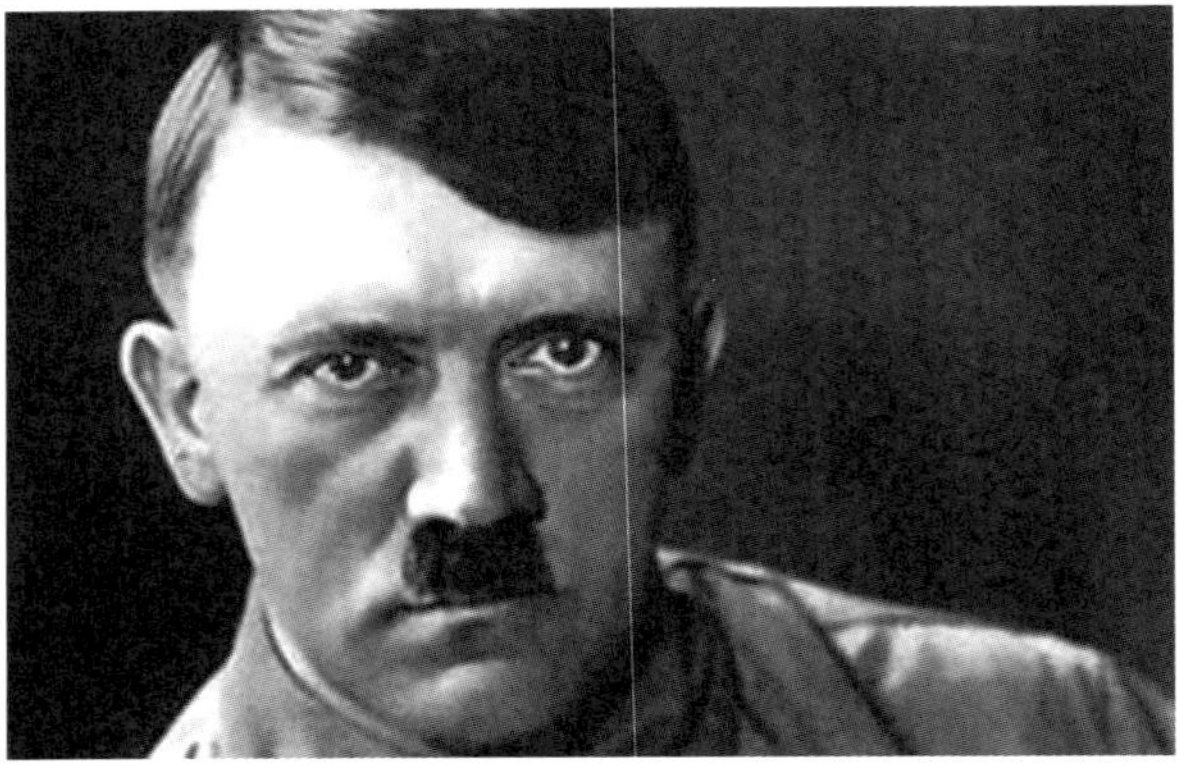

て他者に影響を与えているのでしょうか。

私は他者に影響を与える要素は大きく５つあると考えています。それは「外見」、「性格」、「行動原則」、「発言」、「行動」です。

まず1点目の「外見」とはまさしく見た目のことです。

人は自分の見た目で相手に影響を与えています。

例えば、ヒトラーの外見を思い出してみてください。鼻の下にひげをたくわえ、どこか冷たい雰囲気のある眼差し、笑みを浮かべない顔は見られているだけで、怖く感じます。

ヒトラーの部下はこの外見に影響を受けて、行動を起こさざるを得なくなります。あなたの外見はいかがでしょうか。あなたが意識をするしないに関わらず、人はあなたの外見から何らかの影響を受けているのです。

2点目に「性格」も人に影響を与えています。例えば、明石家さんまさんのように、とても明るい性格のリーダーがいたとします。その人が職場にいるだけで、周囲のメンバーが影響を受けて明るく楽しく仕事をすることができます。性格も本人が意識をしなくても、周囲のメンバーは影響を受けているのです。

３点目に「行動原則」です。行動原則はその人の言動の元になる揺るぎない考えのことです。例えば、惜しまれて引退をされた元サッカー女子日本代表の澤穂希さんは女子サッカーをメジャーにしたい、強くなりたいという信念を持っておられました。澤さんは自分の行動原則を次のように表現しています。

「苦しい時間帯はみんな同じなんです。だけど、その苦しいときこそ『私は最後まで諦めない。絶対に走り続ける』というキャプテンシーがありました」

その行動原則に共感したメンバーが澤さんをリーダーと慕い、影響を受けて頑張ってこられたのだと思います。この「行動原則」を持つというのは、周囲のメンバーに影響を与えるリーダーにとってとても重要です。皆さんは人に語れる「行動原則」を持っていますでしょうか。

４点目の影響力は「発言」です。リーダーが発する言葉にメンバーが影響を受けるのです。さきほどの澤穂希選手にはいくつかのとても有名な言葉があります。その中でも特に有名なのが「苦しいときは私の背中を見て。私は最後まで走り続けているから」です。若くて体力がある選手に比べ、年齢的にも体力や持久力でも劣る澤さんのこの言葉を聞いて若い選手は自分達を奮い立たせて頑張ったのでしょう。相手の心に響く言葉は誰にでもあると思います。皆さんはメンバーを奮い立たせるためにどのような言葉があるでしょうか。

５点目の影響力は「行動」です。リーダーの行動を見てメンバーが影響を受けるのです。リーダーが行動で示すというのは、率先垂範といえるでしょう。

澤選手は試合中ずっと走っているわけですが、後半の45分の最後まで走り続けるのです。この澤選手の走り続ける姿を見て他の選手も負けじと走るのです。皆さんはどのような行動で人に影響を与えているでしょうか。

この5つの影響力ですが、立派なリーダーになりリーダーシップを発揮しようと思って変えることはできるのでしょうか。まず、外見は変えようがありません。外見で影響を与えようと思っても無理があります。性格も変えるのは難しいです。生まれてから長い年月をかけて形成された性格を変えるのは無理があります。ただし、その気になれば性格も変えられるかもしれませんが、そんなにたやすいことではありません。

「行動原則」はいかがでしょうか。人は自分の行動原則を簡単に変えることはできませんが、その気になれば変えることは可能です。逆にこれらをすぐに変えてしまうような人であれば、自分の確固たるものがないと信用をなくすこともあります。ただし、自分の行動原則が今の環境において本当に相応しいかといえば、古くなっているかもしれません。そのような場合は状況に応じて変更する必要があります。

「発言」はその人が発する言葉ですから、変えることができます。同じく「行動」もその気になれば今からでも変えることができます。したがって、立派なリーダーになるために影響力を発揮するためには、まずは行動から変えることができるのです。

４　軸がブレないリーダーになる

軸がブレないリーダーとは

前節ではリーダーとして重要な人に与える５つの影響力について考えてきました。その５つの影響力は「外見」、「性格」、「行動原則」、「発言」、「行動」でした。

では、軸がブレないリーダーとはどのような人のことをいうのでしょうか。

前節で説明したように、「外見」と「性格」は変えようと思っても変えようがないとお伝えしました。「行動原則」は人生において長年培ってきたものであればあるほど変えようがありません。ただし、リーダーとしてより相応しい考えを持つためにその気になれば変えることは可能です。

ところが、この「行動原則」がコロコロ変わる人は周囲が見てどう思うでしょうか。信用できるような人には見えないかもしれません。

やはり、「行動原則」は確固としたものを確立し、一度持ったら簡単に変えるのはよくないといえるでしょう。そのためにも色々な人や本などからリーダーとしての思想や哲学を学ぶ必要があるといえます。

では、軸がブレないリーダーとはどのような人のことをいうのでしょうか。それは、「行動原則」と「発言」と「行動」のすべてが一気通貫している人のことです。

「行動原則」が立派であったとしても、その人の「発言」の内容が「行動原則」と異なっていることを言っているとすれば、誰もその人のことを信用しません。

また、「行動原則」が立派で、「発言」内容も立派であったとしても、「行動」が伴っていなければ、誰もその人を信用して付いていこうとは思わないでしょう。

つまり、軸がブレないリーダーとは確固とした「行動原則」を持ち、「発言」と「行動」が一致している人のことを言うのです。

澤穂希さんの例

先ほどの澤穂希さんを例にとってみましょう。澤さんは「女子サッカーをメジャーにしたい、強くなりたい」という信念を持っておられました。そして自分の行動原則を「私は最後まで諦めない。絶対に走り続ける」と表現していました。

そして澤さんは自分の行動原則を実現するために試合中他の選手に対して「苦しいときは私の背中を見て。私は最後まで走り続けているから」と言っていました。

45分を2回、合計90分走り続けるのは相当しんどいものですが、澤さんは後半の45分の最後まで走り続けるのです。

これこそが「行動原則」から「発言」、「行動」に至るまで一気通貫しており、軸がブレていないといえるでしょう。澤さんは本当のリーダーとして他者に影響を与えているのです。

ノーマン・エルダーさんの例

私にはもう1人、リーダーとして尊敬している人がいます。それはユニバーサルスタジオ・ジャパンの立ち上げ期に、運営会社である株式会社ユー・エス・ジェイの当時のマーケティング本部長だったノーマン・エルダーさんという方です。

エルダーさんはいかにもアメリカ人というような大柄な体格で、明るくて強いリーダーでした。「外見」と「性格」だけでも周囲に与える影響力は強かったと思いますが、私が素晴らしいと思っていたのは、エルダーさんの「行動原則」である〝Open Door policy〟です。

日本語で表現すると「俺の心はいつもお前達のために開いている」です。エルダーさんはこのことをいつもマーケティング本部の部下に言っていました。つまり「発言」でもそのことを示していたのです。そして「行動」でもそのことを示されていました。

エルダーさんは取締役本部長ですから、ご自分の個室がありました。電話や打合せのときは個室の扉は閉まっているのですが、それ以外のときは常に開けておられました。

私のような役職が下の人間でも、悩み事や相談事があって個室をそっと覗き、エルダーさんと目が合うと「どうしたんだ。何かあれば何でも話してよいぞ」と快く話を聴いてくださいました。まさしくエルダーさんは「行動原則」から「発言」、「行動」がブレないリーダーだったのです。エルダーさんが私の話を聴くときは、役員用の椅子に奥深くまで腰かけていたその大きな身体を起こして、前かがみになって真摯に聴いてくださったのです。

5　リーダーシップとマネジメントは何が違うのか

リーダーシップとマネジメント

前節まではリーダーシップについて考えてきました。すごく抽象的な概念ですので、理解するのにひと苦労します。リーダーシップを理解するためにはマネジメントと比較するとわかりやすいです。

このリーダーシップとマネジメントですが、多くの方が十分理解をしていません。皆さんの上司でさえも間違って使っていることもあります。

例えば、「リーダーシップを発揮しろ」と「マネジメントをせよ」とでは全く違うことを指示されていますが、上司にその違いを聞いてもあまりわかっていないこともよくあります。

リーダーシップとマネジメントは組織の目標を達成するための手段ということでは同じなのですが、その手段が全く異なるのです。リーダーシップとマネジメントは目標を達成するための対の概念なのです。

リーダーシップとマネジメントの影響力

では、何が対なのでしょうか。本章で見てきた影響力を取り上げてみましょう。リーダーシップを考えるときは、他者に与える自分の影響力を考えることが重要でした。

自分の影響力とは「外見」、「性格」、「行動原則」、「発言」「行動」の5つでした。これらは人によって様々であり、自分でつくり上げていくことができないものもあれば、つくり上げることが可能なものもありました。

この5つの影響力は人としての要素といえます。人としての影響力ですので「パーソナルパワー」といいます。

マネジメントの影響力はこれらの人としてのパワーではありません。その人の〝役職〟を使って影響を与えるのです。

例えば、課長であれば課長という役職を使って影響力を与えますし、部長であれば部長という役職を使って影響力を与えます。もちろん、社長は社長という役職を使って影響を与えるのです。これらの役職には会社によって決められた権限がありますので、この権限を使うのです。

この役職に伴うパワーのことを「ポジショナルパワー」といいます。課長や部長の立場にある人はこのポジショナルパワーを使って人に影響を与え、目標達成をしないといけないのです。

リーダーシップとマネジメントで大きく異なる点

次に影響を与えることができる対象、権限を行使できる対象はリーダーシップとマネジメントでは大きく異なります。まずマネジメントですが権限を行使できる対象は5つあります。これは第2

章で見てきました。

マネジメントの5つの対象は「人」、「モノ」、「金」、「情報」、「時間」の5つでした。つまり、役職に応じた権限を使って5つの対象に対して権限を行使することができるのです。

「人」に対しては指示・命令、労務管理、評価、育成、処遇などに責任があります。

「モノ」に対しては仕入から出荷までの数量管理、品質管理、在庫管理などに責任があります。

「金」に対しては売上、経費、利益などに責任があります。「情報」に対しては市場情報、経営情報、顧客情報、従業員情報などに責任があります。

「時間」に対しては計画、スケジュール、労務時間、残業時間などに責任があります。

役職に応じてこれらのマネジメントができないと評価が下がってしまいます。マネジメントに対し、リーダーシップが影響を与える対象は「人」だけです。人には感情や気持ちがあります。

リーダーシップは人としての影響力であるパーソナルパワーを使って人の感情や気持ちに訴えかけて共感を得なければならないのです。

このように考えるとリーダーシップとマネジメントは「間接的」と「直接的」という対の言葉でも表現することができます。つまり、マネジメントが間接的でリーダーシップが直接的です。間接的というのは役職を通して人に働き掛けるのに対し、直接というのは役職を介さず、人として人に直接働きかけるということです。

本節ではリーダーシップとマネジメントの違いについて見てきましたが、それぞれ全く違うということがおわかりになりましたでしょうか。これはどちらがよいとか悪いということではなく、どちらも必要で両方を使いながら目標を達成しなければならないということが重要なのです。

6　リーダーとマネジャーは誰に選ばれるのか

リーダーとマネジャーの選考と評価

前節ではリーダーシップとマネジメントの違いについて考えてきました。いずれも目標を達成するという目的は同じでしたが、目標達成のための手段が違うということでした。

では、リーダーシップを発揮するリーダーとマネジメントをするマネジャーは誰によって選ばれ、評価されるのでしょうか。本節ではこの問いについて考えてみたいと思います。

まず、マネジャーですが誰に選ばれるかというと、当然ですが会社によって選ばれます。係長だった人が課長になるとき、課長だった人が次長になるとき、次長だった人が部長になるときなど、会社による人事発令でマネジャーは選ばれます。

ということは評価も会社が行うわけです。会社が評価するといっても、一次評価は直属の上司が行い、二次評価等を経て会社として最終的な評価を決めるわけです。

マネジャーは５つのマネジメント対象に責任があるとお伝えしました。例えば、図表７のようなことが起こったら、あなたは会社からマネジメントができていないと指摘を受け評価が下がってし

〔図表7　5つの対象別に見るマネジメントすべき事例〕

人	部下の勤務態度が悪い、部下の顔色が悪い、部下の業績が上がらない、部下が育っていない
モノ	商品やサービスの品質が悪い、お客様の要望に対して商品やサービスの提供が間に合っていない
金	売上計画に対して売上の実績が追い付いていない、経費予算が計画をオーバーしている、利益が下がっている
情報	市場の動向を把握できていない、顧客ニーズを把握できていない、経営者の考えが部下に伝わっていない、現場の情報が経営幹部に報告されていない
時間	スケジュール管理がなされていない、部下の勤務時間が把握できていない、残業時間が多い

まいます。

上司・会社によって選ばれるか、部下によって選ばれるか

これらのことは部下に評価されるというよりは、上司・会社によって評価されるのです。評価された結果、マネジャーを選ぶのも上司・会社です。

では、リーダーは誰によって選ばれるのでしょうか。それは部下です。つまり、あなたの部下がこの人について行こうと思わない限り、リーダーシップが発揮できているとはいえないのです。

例えば、あなたの上司から「今日からはお前がリーダーだ。お前がリーダーシップを発揮して職場をまとめてくれ」と言われても、それは上司から言われただけであって本当のリーダーシップかどうかはわからないのです。あなたが部下に働き

掛けた結果、部下があなたについて行こうと思ってこそリーダーシップなのです。

皆さんも経験があると思いますが、上司である部長が在職時は部下が「部長、部長」と言って慕ってきても、退職や異動で部長というポジションから外れてしまうと誰も寄って来ないということがあります。これは部下が役職というポジショナルパワーに影響を受けているだけであって、その人のパーソナルパワーには何ら影響を受けていないということがいえます。

逆に役職がなくても、その人のことを心から慕ってついてくる部下がいたとします。この場合はポジショナルパワーではなく、パーソナルパワーに影響を受けているのです。

つまりリーダーシップは部下によって評価され、部下がついてきてはじめてリーダーシップであるといえるのです。

大学院のゼミで金井先生がこのようなことを仰いました。「皆さんはビジネスパーソンとして非常に忙しく、常に前を向いて突き進んで来ました。ここでいったん立ち止まって後ろを振り返ってみてください。後ろを振り返ったときに笑顔であなたについて来ている部下の顔が何人見えますか？」

この質問を受けて私は正直ドキッとしました。これまでの部下の顔があまり多く見えなかったのです。それはリーダーシップがなかったといえるかもしれません。

皆さんは立ち止まって後ろを振り返ったときに部下の顔が見えるでしょうか。

7　チームメンバーを支援するリーダーになる

リーダーのあり方

本章の最後にリーダーのあり方に関し、1つの考え方について触れてみたいと思います。リーダーシップはパーソナルパワーで、その人の人間性や人としての魅力が問われることをお伝えしてきました。ということは、リーダーシップには絶対的な正解はないといえます。

ただし、リーダーとしてのあり方についてはいくつかのスタイルがありますので、そのスタイルについて見ていきましょう。

例えば、支配型リーダーと聞いて皆さんは誰を思い浮かべるでしょうか。強力なリーダーシップを発揮してトップダウンで物事を進めるリーダーは色々な方がおられると思います。

実際にその人の下で働いたことがないので、イメージだけでお名前をあげるのは大変失礼ですが、私から見て支配型リーダーとして名前をあげるのであれば、アップルのスティーブジョブズ、ファーストリテイリングの柳井さん、ソフトバンクの孫さん、日本電産の永守さんなどが浮かんできます。

これらの経営者は強力なリーダーシップを発揮して一大企業をつくり上げてこられました。このようなリーダーシップを発揮してこられた企業は統制が取れており、素晴らしい組織であるといえます。

ただし、このような強力なリーダーによってつくり上げられた組織にはいくつかのリスクもあると思います。

まず、強力なリーダーのもとトップダウンで機能した組織はどうしても社員が受け身になってしまい、指示待ち人間が多くなることが懸念されます。トップから下りてきたことは着実に実行されるのですが、ボトムアップで自ら主体的に動く人間が生まれにくいということがあると思います。

次にリーダーがいなくなったときに組織がこれまでのように機能するかも懸念されます。まず巨大になった組織を誰がまとめるのかという次のリーダー不在の問題があります。

また、偉大な経営者にほれ込んでその会社に入った人は、その経営者がいなくなればその人もどこか他の会社に移るという人材流出の問題もあります。このように強力なリーダーがいなくなれば組織全体がこけてしまうようでは元も子もありません。

そのため、できるだけ早い時期から次世代の経営者を育成することが望まれます。ただし、彼らのような強力なリーダーシップを発揮するリーダーは育成できるのでしょうか。強力なリーダーシップを発揮するカリスマリーダーを育成するのは難しいでしょう。また、このようなカリスマの出現を待つこともできません。強力なリーダーに頼るのは自ずと限界があるのは明らかです。

サーバントリーダー

では、どのようなリーダーシップが望まれるのでしょうか。１つの考え方は強力なリーダーによる上からのトップダウンに対し、下から組織を支える支援型リーダーという考え方があります。このことをサーバントリーダーといいます。

サーバントリーダーの定義には「まず相手に奉仕し、その後相手を導くものである」というロバートグリーンリーフの定義があります。

この定義を見ると「リーダーが部下に奉仕をするの？」と疑問に思いますが、決してリーダーが召使になるという意味ではありません。

リーダーが部下を支援することで部下が自律し、その結果部下がリーダーに報いようという気持ちになって、自らがリーダーとして行動を起こすという意味が込められています。

つまりリーダーは縁の下の力持ちとなって部下を支援し、部下が自らリーダーシップを発揮して主体的に行動を起こすことがサーバントリーダーの本質であります。

先ほどはスティーブジョブズ、柳井さん、孫さん、永守さんというお名前をあげましたが、サーバントリーダーとして思い浮かぶ人がいたら、名前をあげてくださいというと皆さんは誰か思い浮かぶでしょうか。恐らく、すぐには出てこないと思います。なぜならば、サーバントリーダーは縁の下の力持ちなので目立たないのです。縁の下の力持ちだからこそ、リーダーに頼るような組織にはならず、リーダーがいなくなっても組織は機能することが可能となります。

カリスマ的なリーダーと支援型リーダーのどちらが正解という答えはありませんが、皆さんも自分の取るべきリーダーシップのスタイルについて今一度考えてください。

第6章

メンバーのやる気を高める

1　やる気とは何か

やる気が出るとき

皆さんは、会社に入ってから、どのようなときにやる気が出ましたか？　入社した直後、配属先が決定したとき、異動が決まったとき、昇進したとき、部下を持ったとき、自分がチャレンジしてみたい仕事を与えられたとき、上司に褒められたとき、会社の中で注目を浴びたときなど、様々な状況があります。

私は最初に入った会社で新入社員のときはやる気に満ち溢れていました。気持ちが常に高揚し、目がギラギラしていました。また私は2回転職の経験がありますので、転職して新しい職場に入ったときもやる気に満ち溢れていました。

では、皆さんはどのようなときにやる気が失せましたか。希望しない部署へ配属になったとき、上司から叱責を受けたとき、後輩に先に昇進されてしまったとき、降格したときなど様々な状況があると思います。私も過去いずれの会社においても一気にやる気が下がったことが多々あります。

以上のように、私たちは「やる気がある or やる気がない」、「モチベーションが上がる or モチベーションが下がる」、「動機づけられた or 動機づけられない」など、普段からやる気についてよく話をします。

でも、やる気について十分理解をして使っているかというと決してそうではないと思います。やる気を辞書で調べると、motivation・drive・incentive などの訳が出てきます。このやる気をどのように理解すればよいのでしょうか。

あまりややこしくならないように簡単に整理をすると、次のように2つのステップを使って説明することができます。

動機づけ

まず、「やる気」と「モチベーション」ですが、本書では同義語として扱います。「動機」は「動く」ための「機会」と書きます。まさにやろうと思って動くための「きっかけ」です。「動機づける」はやる気になるためのきっかけを「与える」ことと定義します。

つまり、「動機づけ」はやる気がゼロの人に対してスイッチを入れること、スイッチが入った状態のことを「やる気」があると定義します。

ではステップ1ですが、図表8のように動機づけるためには外部から（もしくは内部から）の何らかの働き掛けが必要です。従業員を動機づけるために、達成すべき目標が設定されます。達成すべき目標がなければだれも動こうとはしません。

また、従業員を動機づけるために賞与や昇進というご褒美や、ときにはマイナス賞与や降格などの罰則という脅しを使うわけです。好むか好まざるかに関わらず、動機づけられた結果、やる気が

〔図表８　やる気を高める２つのステップ〕

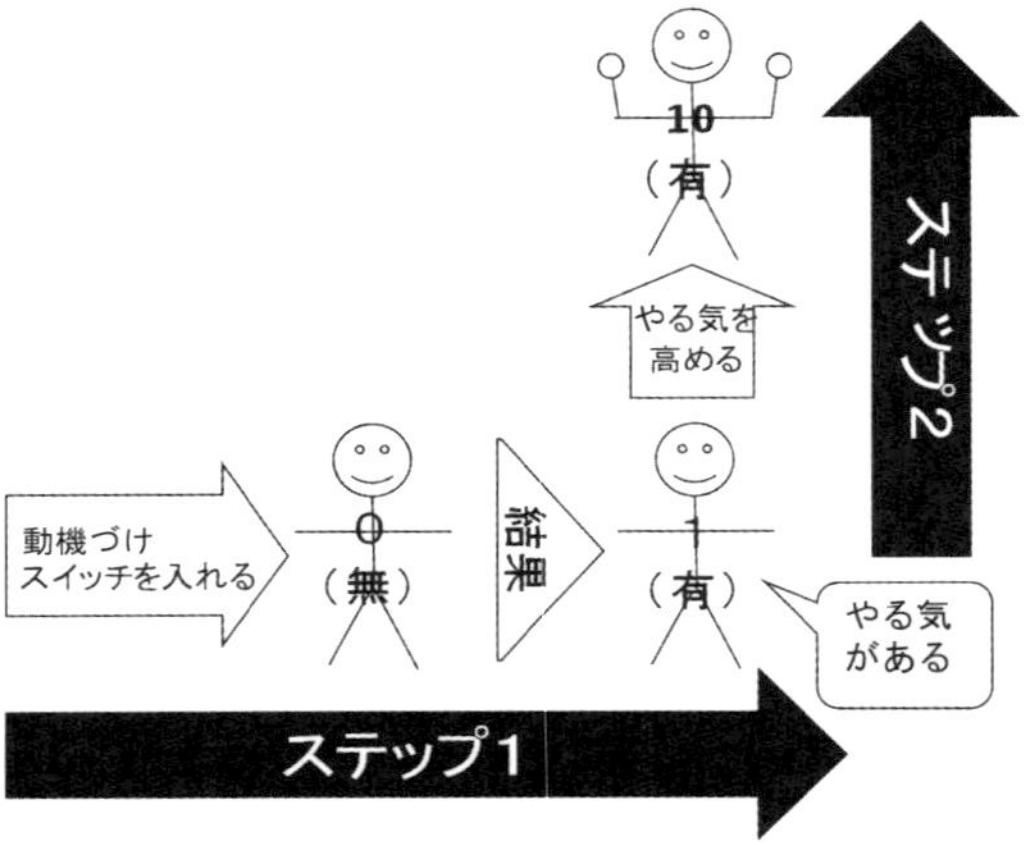

出ます。この動機づけられた状態、スイッチが入った状態のことを「やる気がある」といいます。

このようにスイッチを入れるための取り組みがステップ1の動機づけです。

やる気を高める

ステップ2は動機づけられた人、スイッチが入った人のやる気を高めるための取り組みです。その取り組みの1つが「褒める」や「叱る」という働きかけです。人は褒められることによって(場合によっては叱られることによって）やる気を高めます。

そもそもスイッチが入っていない人に対して褒めても動くことはありません。その一瞬は気分がよくても、褒めるだけでは動機づけをすることは難しいのです。

皆さんも経験があると思いますが、褒められたときは気分がよいものですが、時間とともにその気分は下がっていきます。

ただし、動機づけられた人、スイッチが入った人はそう簡単にはその動機づけられた状態がなくなることはありません。したがって、やる気を考えるときはこの２ステップで考える必要があります。

動機づけられた人からそれを奪うこともあります。その行為がデモチベート（demotivate）です。このdemotivateを辞書で調べると、人のやる気を失わせるとあります。動機づけられた人からそれを奪うためには、目標をなくしてしまうことなどがあります。目標を見失ってしまうと、人はやる気を奪われてしまいます。

例えば、ある営業パーソンが、自社商品を１年間で１０００個売るという目標が設定され、それを達成すれば人事評価が上がるのであれば、１年間で１０００個売ろうと動機づけられます。

逆に、営業パーソンであるにも関わらず、「あなたの目標はゼロです」と言われるとどうなりますでしょうか。それは、営業活動しなくてもよいということですので、明らかにdemotivateやる気を失わせることになります。この人は営業失格という烙印を押されたことになりますので、会社を辞めてしまうかもしれません。このように、目標というのは動機づけに対してとても大きな働きをします。第２章でも述べましたが、だからこそ目標設定が大切なのであり、上司と部下が話し合って、お互いが納得して目標を定めなければならないのです。そして私たちは人の目標を奪ってはいけないのです。

2　やる気を高める目標の立て方

まずは入社動機を知る

前節では部下のやる気を高めるためには目標が大切であると説明しましたが、その目標はどのように立てればよいのでしょうか。

まず、その前に押さえておくべきことがあります。それは、そもそも部下がなぜあなたの会社に入ったのかという動機を知っておくことです。

会社に入るときの動機には給与や待遇などの諸条件もありますが、それ以上になぜこの会社に入りたいのか、この会社に入って何がしたいのか、この会社で将来どうなりたいのかという思いが必ずあるはずです。

それを知ることで会社と部下の目標の整合性を確認することができますし、部下の目標設定をする際に事前に部下の気持ちをつかむことができます。仕事における部下の目標設定が入社するときの目指すべき姿と違う方向であれば、部下の動機づけは難しくなります。

部下の目標設定

では、具体的な部下の目標設定についてですが、ここでは年に1回行われる年度目標の設定を例に考えます。目標の設定はトップダウンとボトムアップの2つのやり方があります。トップダウンは上から下に目標が下りてくることです。

例えば、企業には必ず1年間の目標があります。ほとんどの場合、それは売上、経費、利益などの数値で示されています。

数値目標を立てないと、年間を通じてどれだけの売上を稼がなければ従業員に給与の支払いができるのか想定金額の算出ができません。

会社としての1年間の目標は細かく分割されて色々な部門に下りてきます。どこの部門がどれくらいの費用を使うのか、またどの部門がどれくらい売上を稼ぐのか、会社として想定する目標があり、それが各部に伝達されます。

各部に下りてきた目標が今度は部門内で担当者個人別に分割されて下りてくるのです。ただし、トップダウンによる目標の設定は上からの一方的なものであるため、その目標を課せられた人はやらされ気分であまりやる気は出ません。

ボトムアップ

それに対してボトムアップは下から目標を積み上げることです。担当者が今年度の実績を踏まえて、来年度は何をどこまでやるのかを自ら考えて上司とすり合わせを行い、それが部門の目標に集約されて、上に伝えられます。

ボトムアップによる目標設定は部下も自らその過程にかかわるため、やらされ気分はなく立てられた目標に対してやろうという気になります。

ボトムアップの目標設定により、部下にその過程に関わらせることが重要になってきます。ボトムアップのデメリットとして、各担当者はどうしても控えめで無難な目標設定をしがちになることがあります。

チームリーダーの役割は部下にある程度背伸びをさせて目標設定をすることです。いとも簡単に達成できる目標よりも、少し背伸びをしたら届くような目標のほうが会社の成長にもつながりますし、部下本人の成長にもつながります。

トップダウン目標とボトムアップ目標のギャップ

トップダウンの目標とボトムアップの目標の間には必ずギャップが出てきます。では、トップダウンの目標とボトムアップの目標のギャップはどのように整合性を取ればいいのでしょうか。

その整合性を取る役割を果たすのがリーダーです。リーダーはときにはトップダウンで下りてきた目標に対し、ボトムアップの目標を上司に説明して理解を得る努力をしたり、部下が積み上げたボトムアップの目標に対し、トップダウンで上から下りてきた目標を部下に説明し理解させる必要があります。

その結果、会社側と部下側のどちらもが Win-Win の関係になることが望ましい目標設定のあり方だといえます。

第2章でも説明したとおり、リーダーは両者の板挟みになるという悩ましい状況に直面しますが、これを解決する調整能力が求められるのです。

3　部下のやる気を理解する7つの視点

部下のやる気を理解するための7つの視点

本章は部下のやる気がテーマですが、ここで確認しておくべきことがあります。それは、部下のやる気と言っても、ひと言では言い表せないということです。そこで本節では部下のやる気を理解するための7つの視点を説明します。

①やる気の方向

まず1点目は部下のやる気がどの方向に向いているかです。これは前節でも触れましたが、部下が何のためにあなたの会社に入ったのかという根本の理由にも関係します。

部下がAという商品にほれ込んで、その商品を全国一の商品にしたいと思っているのか、自分の将来のキャリアアップにつながる仕事をしたいと思っているのか、会社の知名度を上げたいと思っているのか、どの方向に矢印が向いているのか知る必要があります。

部下の目指す方向と会社が求めている目標の方向性が一致しなければいけません。

②やる気のスイッチ

2点目にやる気のスイッチです。部下はどのスイッチを押せばやる気が出るのか知っておく必要があります。

これは前述のやる気の方向性とも関連しますが、将来の目標に関連づけて話をするとスイッチが入るのか、興味や関心に関連づけるとスイッチが入るのか、能力やスキルについて触れるとスイッチが入るのか等を部下に応じて知っておく必要があります。

また、そのスイッチを押すタイミングも必要です。たまに見かける光景ですが、今、ここでそれを言わなくてもよいだろうと思うようなスイッチの押し方をする人もいますので、どのタイミングでスイッチを押せばよいのかも知っておきましょう。

③やる気の助走時間

3点目はやる気のスイッチを押してから、やる気が出るまでの時間です。いわゆる助走の時間がどれだけ必要かということです。スイッチを押してからいきなりトップスピードが出る人もいれば、スイッチを押してから少しずつエンジンが温まってきて、トップスピードが出るまで徐々にスピードを上げる人もいます。

スイッチを押してもなかなかスピードが出ない部下がいても、それは助走の時間が長いということを知っておきましょう。

④やる気の強さ

４点目は部下のやる気の強さです。部下がやる気があると言っても１００点満点中、１００点のやる気なのか、50点なのか、20点しかないのか、そのやる気の強さによって仕事に対する取組みが変わってきます。

⑤やる気の持続度

５点目は部下のやる気の持続度です。つまり、やる気がどれだけ続くかです。今日、やる気があったとしても、明日もやる気があるとは限りませんし、今日のやる気が2か月、３か月と保たれることもあります。

つまり、部下のやる気がどれだけ持久力があるのか知る必要があります。

あなたの部下のやる気が持続しないタイプであれば、やる気が低下しないようにこまめなコミュニケーションが必要ですし、やる気が持続するタイプであれば、そんなに頻繁にフォローしなくてもよいかもしれません。

⑥やる気の変化

６点目は1日の中で部下のやる気がどのように変化するかです。これも人によって異なりますが、朝型の人もいれば夜型の人もいます。

例えば、朝出勤してきて「おはようございます！　昨日の案件ですが、今日も早速取り掛かって何とか対応しますよ」と、朝からやる気全開の人もいれば、朝出勤してきたときはやる気があるようには見えないのですが、夕方に入ると「これは何とか今日中に処理しますね。頑張りますので、お任せください」とやる気が出る人もいます。

⑦やる気の見え方

7点目はやる気の見え方です。やる気のスイッチが入ってやる気が出たとしても、人によってはやる気が周囲から見てよくわかることもあれば、周囲から見ても表情や行動からは何の変化も感じず、一見したところスイッチが入っていないように見えても、実は内面ではやる気に満ち溢れているということもあります。

もう1つ付け加えると、周囲からやる気が見えるか見えないかは、本人があえて自分で見えないようにコントロールすることもあると心得ましょう。見た目ではやる気があるように見えないからといって、必要以上にやる気のスイッチを押すのもよくありません。

このように見ると、一言でやる気といっても理解しておくべきことが多くあります。しかも部下の人数に応じて知っておくべきですので、部下の人数が多い人はこれらの7つをメモにしておくとよいでしょう。

4　やる気と欲求の密接な関係

マズローの欲求5段階説

やる気と欲求は密接な関係にあるといわれています。職場リーダーもそれを理解して部下に接す

〔図表9　マズローの欲求5段階説〕

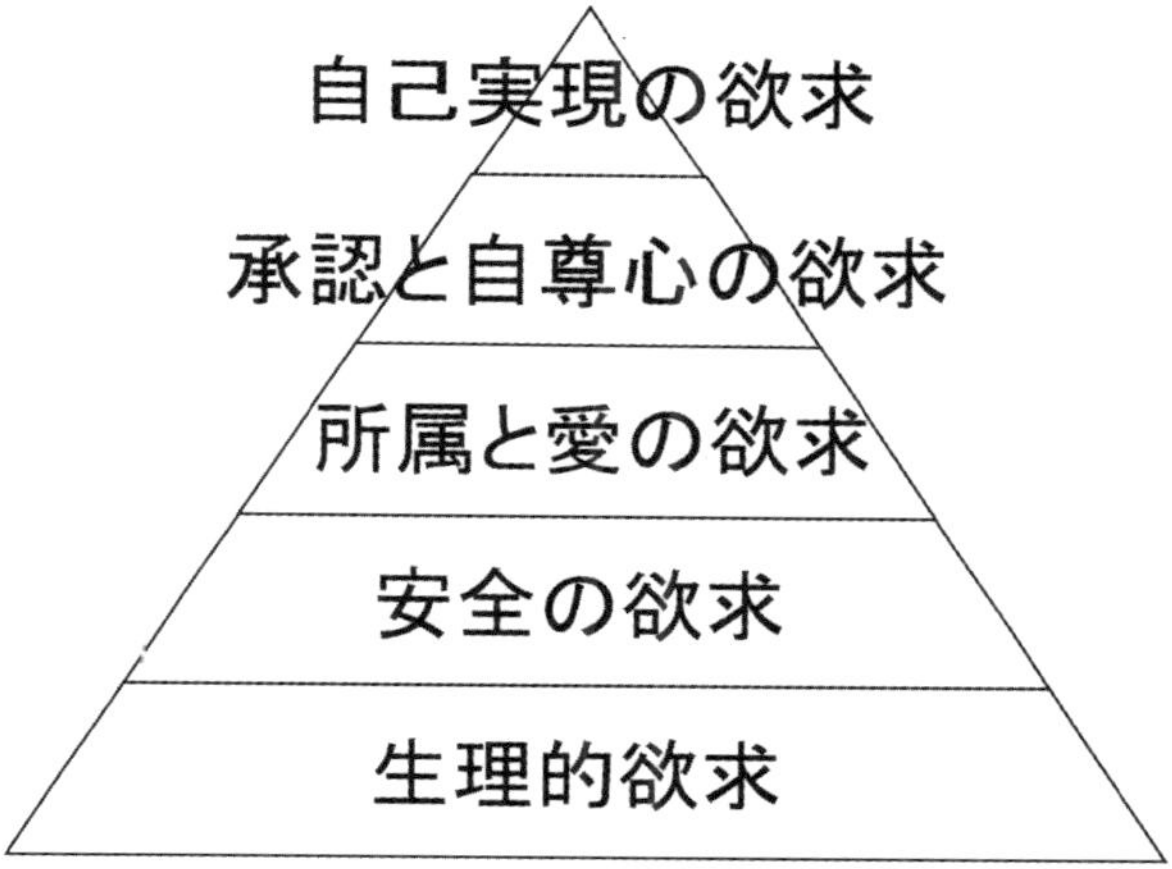

る必要があります。本節では人の欲求について整理します。

人の欲求は大きく5段階に分かれるというのが、有名なマズローの欲求5段階説です。図表9にありますように、人の欲求はもっとも低い次元の「生理的欲求」から「安全の欲求」、「所属と愛の欲求」、「承認と自尊心の欲求」そしてもっとも上位にある欲求は「自己実現の欲求」といわれています。

もっとも低位にある生理的欲求は「お腹が空いたら何かを食べたい」、「眠たくなったら寝たい」という、生きていくための欲求です。その欲求が満たされると、上位の欲求である安全の欲求が起こります。

安全の欲求は「危険を回避して安全な場所で、安心して安定的な生活をしたい」という欲求です。安全の欲求が満たされると、上位の欲求である所属と愛の欲求が起こります。

所属と愛の欲求は「集団に所属したい」、「誰かに愛されたい」という欲求です。この欲求が満たされると孤独や不安を払拭することができます。所属と愛の欲求が満たされると、承認と自尊心の欲求が起こります。

承認と自尊心の欲求は「他人から自分の存在や行為を認めてもらいたい」という欲求です。最後の自己実現の欲求はこれまでの4つが不足を補おうとする欲求であったのと異なり、「自分の能力を発揮し成長したい」という高次の欲求となります。

安全な職場づくり

では、これらの欲求を職場に当てはめて考えてみましょう。まず職場においては生きていくための生理的な欲求は満たされていますので、安全の欲求から考えることになります。

一般的には安全の欲求は満たされていると思われるのですが、最近のニュースを見ているとこの安全の欲求自体が満たされていない職場があるのではないかと思ってしまいます。

例えば、上司によるパワハラやセクハラなどがその例です。上司にパワハラやセクハラをされて、怖くても立場的に何も言えず我慢をする人がいます。これらの人は職場で安全の欲求が満たされていないといえます。当然のことですが、部下を危険にさらさない安全な職場づくりをしなければなりません。

職場の一員として受け入れる

その次の所属と愛の欲求は職場に所属したいという欲求ですので、「あなたはうちの職場のメンバーですよ」と相手を受け入れることが必要です。

私は転職経験者でまさしくこの経験をしています。カネボウからユー・エス・ジェイに転職したときですが、これまでメーカーで営業をやっていた私がテーマパークに転職して受け入れられるのかとても不安でした。

ところが出勤初日に職場に行って私のデスクに案内され、顔写真入りの社員証や名刺を見たとき、「私はこの会社の一員なんだ」と、とても嬉しく思いました。

そして私の上司から「今日は初出社なので、他の部門に挨拶に行きましょう」と言われて各部門へ挨拶に行ったときは、どこに行っても「久保田さんですね。お話は聞いていましたよ。久保田さんが入ってこられるのをお待ちしていました。これから一緒に頑張りましょう」と色々な方に言われ、「私はこの会社に受け入れられているんだ」と思って一気に不安がなくなりました。

このように中途採用や新卒採用の社員に対して「あなたはこの職場の一員なんですよ」と伝え、それを実感させることで所属と愛の欲求を満たすことができます。

相手を認めてさらに成長させる

所属と愛の欲求の次は承認の欲求です。これは相手のことを認めて受入れ、そして褒めてやることで満たされる欲求です。この褒めるについては後の章で詳しく説明します。

最後の欲求は自己実現の欲求です。部下が成長して立派な仕事をし、会社からも認められ多くの人から褒められるようになると、「もっと大きな仕事をしたい」、「自分自身をさらに成長させたい」という欲求が起こります。

この段階は同じような仕事をすることに不満を感じますので、新しい仕事にチャレンジさせたり、難しい仕事を与えて部下が成長する機会を提供しなければなりません。

そうしないとこの職場では自分はもう成長する場がないと思い、最悪の場合は転職することもありますので、相手の成長や欲求に応じた仕事を与えなければなりません。

5　相手を認めて受け入れる

承認の3つのステップ

前節ではマズローの欲求5段階説を活用して欲求とやる気の関係を見てきました。その中に承認と自尊心の欲求というものがありました。本節ではこの承認についてさらに具体的に見ていきます。

私は承認という行為には3つのステップが含まれていると考えています。

第1ステップは相手を知るということです。相手を知るためには相手を見なければなりません。「そんなことは普段から意識しているよ」という声が聞こえてきそうですが、第1ステップだけだと承認にはなりません。必ず次の第２ステップとセットでなければ承認にはならないのです。

第２のステップは見ているということを相手に知らせることです。見ていることを相手に知らせるとは、例えば「出社の時間が10分早くなったね」、「出社の時間が10分遅くなったね」というように相手の行為をそのまま伝えることです。

ここではその行為に対して良いとか悪いという評価は入っていません。このことを伝えられた部下は、私は見られているんだという気持ちになるでしょう。

承認のもっとも基本となるのが挨拶です。挨拶は相手の存在に気づき、それを言葉に出して相手に伝えることです。このことは第３章の第３節「挨拶は上司からする」で具体的に説明してきましたので、再度確認してください。

第３のステップは第１ステップで見たことが良いことであれば、それを褒めてやることです。相手のことを見ていると褒めるネタもたくさん出てきますので、まずは第１ステップで相手を見ることが必要になってきます。具体的な褒め方については第９章で説明します。ここでは相手を認めて受け入れるためには相手を見るという第１ステップと、それを相手に伝えるという第２ステップをセットにすることが重要であることを押さえてください。

表の承認と裏の承認

私が大学院のゼミでお世話になった太田肇先生は、承認を「表の承認」と「裏の承認」の２つに分けて説明されています。

表の承認とは、何か素晴らしいことを達成したとか、特別な能力や素晴らしい個性を持っているといったときにそれを認めることです。一般的に相手を褒めるのは表の承認といえます。この表の承認に対する裏の承認ですが、太田先生は次のように説明されています。

「わが国では、何かが優れているとか特別の業績をあげたといったことより、むしろ和や秩序を乱していないか、序列を守っているかといったことのほうが重視される。たとえ有能で実績をあげていても、和を乱したり序列を守らなかったりすると認められない。このような消極的承認を表向きではなく、隠然たる力を持っているという意味で『裏の承認』と呼んでいる。」（太田肇「承認とモチベーション」同文館出版）

太田先生は表の承認は加点主義、裏の承認は減点主義で与えられるものだとも指摘されています。つまり、表の承認は部下が能力を発揮し、個性を活かして抜きん出ることで褒められるのに対し、裏の承認は目立たないこと、他人に合わせることで褒められることだとも説明されています。つまり、出る杭は打たれてしまうというのが裏の承認のマイナス点になってしまうのです。

私は日本社会においてはときに裏の承認も必要だと思いますが、やる気を高めるためにはやはり表の承認が重要だと思います。最近では、日本の社会も少しずつ変わってきています。出る杭を打つのではなく、出る杭を伸ばそうという機運も高まってきています。

グローバル化が進んで多様な価値観を受け入れなければならない時代においては、横並び意識だけではなく出る杭を大切にすることが重要だと思います。ただし、組織の秩序を乱すことはよくありませんので、チームリーダーは表の承認と裏の承認のバランスをしっかりと保つことが重要です。

6　メンバーに期待の言葉をかける

期待の言葉

チームリーダーはメンバーにやる気を高め、頑張ってもらわなければなりません。その方法は色々ありますが、本節では「期待」という言葉について考えてみたいと思います。「そんなこと言われなくてもわかっているよ」という声が聞こえてきそうです。

では実際に皆さんは部下に対してどのような期待の言葉をかけてますでしょうか。

私は企業研修や公開セミナーの場で受講生に、「部下に対してにどんな期待の言葉をかけていますか」と質問してみると色々な答えが返ってきます。

例えば、次のような言葉です。「頑張れよ」、「すごいぞ、よく頑張ったな」、「君の働きに感謝しているよ」、「これは君にしかできない仕事だ」などのような答えです。

ところが、これらは本当に期待の言葉と言えるでしょうか。

期待という言葉は、「予期」するの「期」と「待ち望む」の「待」から成り立っています。つまり、期待という言葉には、相手にこうなって欲しいという予期する姿があり、それをリーダーが待ち望んでいるんだという気持ちが込められています。

では、先ほどの言葉は期待の言葉と言えるでしょうか。「頑張れよ」は応援している言葉ですし、「すごいぞ、よく頑張ったな」は褒め言葉です。「君の働きに感謝しているよ」はお礼の気持ち・感謝の気持ちを述べていますし、「これは君にしかできない仕事だ」はむしろプレッシャーをかけていることになります。

期待の言葉には相手にこうなって欲しいという将来の姿と、それをリーダーが待ち望んでいるんだよという気持ちを込めて「～を期待しているよ」と伝えると立派な期待になります。

例えば、「君に来年度は当部のトップ営業を期待しているよ」、「来年は君の下に後輩が入ってくるので、お手本になるような立派な先輩になることを期待しているよ」、「今度の勤務地では、次期支店長としての活躍を期待しているよ」など、将来こうあって欲しいという姿プラス、リーダーが待ち望んでいるという期待の言葉があれば、「私は期待されているんだ」という気持ちになれるのではないでしょうか。

ピグマリオン効果

なぜ、このような話をするかというと、この期待に関する有名な理論があるからです。ご存知の方もいると思いますが、この理論をピグマリオン効果といいます。

ピグマリオン効果とは、部下は上司から期待されれば、その期待に応えようと頑張るというものです。つまり、人は期待された通りに成果を出すという考え方です。

よく考えてみれば誰でもそうだと思います。私たちは誰かに期待されると、その期待を裏切らないように頑張ろうと思いますし、誰からも期待されていないことはわざわざやろうとは思わないでしょう。

ですからチームリーダーとしては部下にどんどん期待の言葉をかけたいものです。

ただし、期待の水準が高すぎるとかえって逆効果になる可能性があります。例えば、部下に対して「今年度対比２００％の売上を期待しているよ」と言っても、明らかにそれは無理だと思って諦めてしまうかもしれませんし、「今年度対比１０２％の売上を期待しているよ」だと、現状維持のままで今以上に頑張ろうという気持ちにならないかもしれません。期待は高過ぎず低すぎずが望ましいのです。

ピグマリオン効果の研究において、「優れた上司の特徴とは〝高い業績を達成できる〟という期待感を部下に抱かせる能力のことである」という考えや、「無能な上司は、このような期待感を植え付けることができず、その結果、部下の生産性も向上しない」という、手厳しい考えもあります。

部下に期待を伝えて、その気持ちにさせることがリーダーにとって重要なコミュニケーションでありますので、ぜひ皆さんも職場メンバー全員に期待の言葉を伝えていくように心がけましょう。

7 メンバーのやる気を高めるリーダーは〝少し暇〟であれ

部下のやる気を損なうリーダーのタイプ

本章では部下のやる気をテーマに色々な視点で考えてきました。最後に耳の痛い話をしておきたいと思います。これは私自身にも言い聞かせていることなのです。メンバーのやる気を損なうリーダーで、一番やっかいなのはどのような人のことというのでしょうか。

それは、メンバーのやる気を損なっていることに気づいていないリーダーです。リーダーは良かれと思ってやっていても、結局はリーダー自身の自己満足であったり、上司へのアピールであったりします。

リーダーは自分で気づかないので誰かが指摘すればよいのですが、部下からはそんな指摘などできるはずはありません。何があっても部下は我慢をせざるを得ないのです。中には部下から上に対して直接苦言を進言することもありますが、とても稀なことです。

多忙すぎるリーダー

では、部下のやる気を損なうリーダーにはどのようなタイプが多いでしょうか。数えきれないほどのタイプや事例が出てくると思います。4章の6節でもお伝えしましたが、とても重要なことですので、本章でも取り上げたいのですが、私はあえて「多忙過ぎるリーダー」を部下のやる気を損なうリーダーの特徴の1つとしています。

そんなことを言うと「リーダーは誰もが忙しいんだ」という批判が返ってきます。当然、リーダーは忙しいものですが、忙し過ぎて周りが見えない人が問題だと思うのです。

「忙しい」という字は「心」を「亡くす」と書きます。つまり、多忙過ぎるリーダーは心を失ってしまうのです。心を失ったリーダーのもとでは、部下は誰もやる気が高まりません。

皆さんも経験があると思いますが、何か困ったことや相談事があるときに上司に話かけようと思って、席に行くと上司が忙しくて身体全体から〝忙しいオーラ〟が出ていると、話かけようという気持ちにはなれません。

たとえ相談をしたとしても、忙しさのあまり顔が明らかに嫌がっていると、もう相談したいと思わないでしょう。

リーダーが暇なことによるメリット

つまり、リーダーは〝少し暇〟でありたいものです。暇というと怒られそうですが、リーダーが暇なことによるメリットはたくさんあります。

まず、部下のことをよく見るようになります。部下のことをよく見るようになれば、相手から相談がなくても、何か困っていそうなときはこちらから「何か困ったことはあるか？」と言って話かけることができます。リーダーが少し暇であれば、色々と考える余裕が生まれます。

リーダーはどうしても今日明日のことでバタバタとしてしまいがちですが、半年後、1年後のことを考えて先に手を打たなければなりません。

将来に向けて手を打たないから、状況が改善されず相変わらず同じようなことで同じようにバタバタしてしまうのです。

将来のこととは、例えば新しい仕事を生み出したり、今後不要となる仕事をなくしたり、部下の成長のための育成のことを考えたりするということです。そのようなことを考え、部下に語ることで、部下も将来を見据えてやる気が出るのではないでしょうか。

少し暇な時間は将来のために費やすのがリーダーの時間の使い方です。

ただし、1点気を付けましょう。あまりにも現実離れした話をあれこれ空想して、その都度部下を巻込んでしまうと逆効果になります。私も過去にそのような上司のもとで働いたことがあります。将来に向けた夢物語を語るのはよいのですが、部下の状況をわきまえず自分の考えたことを何でもかんでも部下に振って、余計に部下に負担を与えても部下は適当にしか対応しませんし、結局は部下のやる気を下げてしまうことになります。

リーダーは少し暇で将来のことを考え、それを部下に語りながらより現実に即した形で実現に向けた行動をしなければなりません。

第7章

チームリーダーは次のリーダーを育てる

1　人を育てることが会社の発展につながる

人をつくる

「企業は人なり」といいます。まさしくその通りで人がいないと企業経営は成り立ちません。ただし、人を集めればそれでよいかというとそうでもありません。その人を育成することが必要です。人の育成に関しては、これまでも多くの人々が色々な言葉を残しています。

例えば、ピータードラッカーは「我々が教育済みの労働者を雇えると考えるのは幻想である。きちんと動く産業は訓練に責任を負う産業だけである」と言っています。

まさしく学校教育を終えたからといって、それが労働者として使えるかというとそうではありません。企業が責任を持って教育訓練を行うことで経営が成り立つのです。

松下幸之助さんは「松下電器は人をつくるところです。併せて電気器具もつくっております」と仰ってます。私はこの言葉に感銘を受けました。

企業倫理やコンプライアスがあれだけ叫ばれていても一向になくならないのは、「人をつくる」ことがなされていないからのように思えてなりません。「多少悪いことをしても、バレない」、「これまでもやってきたことだから、大丈夫だ」という発想が出てくるのは、「人をつくる」ことを疎かにしてきた企業の責任であります。

階層が上になるほど教育がなされない理由

このように企業における人材育成が重要であることに対しては、誰からも異論はないと思います。私は企業に対して人材育成のコンサルティングや研修をしており、様々な企業のお手伝いをしているのですが、いつも疑問に思うことがあります。

それは階層が上になればなるほど教育がなされないという現実です。その理由は大きく３つあります。

１点目は「幹部社員になればなるほど様々な経験と教育を積んできたので十分である」、２点目は「今さら、幹部社員に教育しても先が短いので意味がない」、３点目は「幹部社員に対して、教育を受けてくださいと言いにくい」ということです。

私はこれら３つが当たり前になっていることが問題だと思います。実際に報道などでよく目にする企業の不祥事はなぜ起こっているのでしょうか。新入・若手社員による問題というよりも、経営幹部や管理職に起因する問題が多発しています。経営幹部や管理職による問題ほど深刻なものが多く、会社の存続に関わってしまいます。

例えば、不当な取引制限をするカルテルやデータの改ざん、贈賄罪やパワハラ・セクハラなどは経営幹部や管理職の責任が極めて重いといえます。

若手社員の方に研修をしていて色々と話をしていると、「研修の内容はとても重要だと思うのですが、結局上司が変わらないと駄目なんです」、「上司にもこの研修を受けさせたいです」というコメントを多く耳にします。

人事の方とお話をしていても、「年齢の高い人に研修をしても、もう〝上がり〟なので若手にその費用を投じたほうがよい」というお話をたくさん聞きます。

では、その結果何が起こっているかと言うと、上層部に起因する不祥事なのです。

これでは若手社員だけに教育をしても意味がありません。限られた費用をいかに配分するかを考えるときに、部長以上は予算ゼロではなく、予算を計上して時代や環境に応じた教育をすべきだと思います。

新聞やテレビを賑わす不祥事のニュースが出てから慌てて急にコンプライアンス研修をする企業もあります。

それはそれで必要だと思うのですが、どこかで問題が起こってからだけではなく、常日頃から継続的かつ定期的に教育を行うべきです。

上司に対して教育をするからこそ、部下の意識も高まります。私がお手伝いしている会社の研修センターではすべての教室がガラス張りになっています。

ガラス張りの中のクラスでは幹部社員の方が熱心に研修を受講されている姿がよく見えます。その姿勢を見て部下の方も大いに刺激を受けるのです。この姿勢が企業にとってとても大切だと思います。

2　人が育たない職場の問題

人が育たない3つの要因

前節で見てきたように、人の育成が重要だということについては誰も異論はないと思いますが、現場レベルでは上手くいっていないのが現実です。なぜ、人材育成は上手く機能しないのでしょうか。私はその原因を大きく4つにまとめてみました。

1点目に職場で部下育成の仕組みが機能していないことがあげられます。全社的には部下育成が重要であると経営幹部から大号令が掛かってくるのですが、職場ごとにバラバラな育成をしており、育成が各部の担当者任せになって属人的な指導となっています。

会社によっては立派な育成計画を立てているところもありますが、計画が義務的に書かれており、単純な作業になっていることが多いです。

そして、育成計画を立てても絵に描いた餅になっています。人が育つための計画づくりをするだけではなく、それを各職場で実行に移せるようにしなければなりません。

そのためには、部下育成を直属の先輩任せにするのではなく、上司や同僚も巻き込んだ横断的な仕組みづくりとチェック体制が必要です。

2点目に各職場で育成に対するコミットが低いということがあります。たとえ部下を育成しても、数年したら異動になってしまうので真剣になれないということや、部下を育成しても自分の評価にはつながらないと思って育成に真剣になれない人が多いと思います。

また育成を担当する先輩が部下の育成を1人で抱え込んでしまい、職場メンバーの協力を得られず周囲を巻き込むことができないこともあります。

周囲の社員も、「あの社員の育成は○○が担当だから、自分は関係ない」と思い込んでいることもあります。育成を担当する直属の先輩がいたとしても、その人が1人で抱え込む必要は一切なく、職場全体で人を育成する仕組みと意識がなければいけません。

3点目に環境の問題があります。環境の問題は担当者レベルではすぐに解決できないことが多く、根が深い問題といえます。環境の問題で代表的なものは社員の数が少ないため、現場に育成する余裕がないことや、社員が少ないために仕事中は手が離せず、指導がどうしても遅い時間になることがあります。

また、若手社員が教えて欲しいことがあったとしても、誰もが忙しそうなので声を掛けづらいこともあります。

このように人員的・時間的に人を育てる環境にないということも実際問題として深刻でありますが、だからといって育成を放棄するわけにはいきません。環境が悪ければ悪いなりにどのようにすればよいのかを職場できちんと議論すべきです。

4点目に価値観の問題があります。私も含め40~50歳代の人は、仕事は自分で学ぶべきであるという昔の価値観が浸透しています。昔は上司や先輩が手取り足取り教えてくれることなどなく、「俺の背中を見て学べ」という価値観が浸透していました。

この年代の人は、自分達はそんなに手厚く育成してもらったことはなかったため、懇切丁寧に指導することに対して違和感を感じているのです。

そのため、指導者がべったりとくっついているのはよくないと思って、あえて距離を置いたりします。

逆に最近の若い人は手厚く育成されることに慣れており、それが普通になっています。家庭でも大学でも今ではそこまでやるのかというくらい丁寧なフォローをするようになっています。

自分達の時代はこうだったからという価値観のままでは、部下育成どころか部下を潰してしまうことになります。自分が受けてきた育成は過去のものだと認識し、現在の部下の価値観に見合った向き合い方が必要です。

3　ＯＪＴが人材育成の基本

ＯＪＴとは

部下の育成には様々な方法がありますが、代表的なものはＯＪＴとOff-JTです。この2つは車の両輪に例えられることもあり、どちらか1つだけではなく両方が噛み合っていることが重要です。

まず、ＯＪＴの意味ですが、On-the-Job-Trainingの頭文字を取ってＯＪＴと書きます。On-the-Jobですから、「職場で」、「仕事を通じて」、「仕事をしながら」Training（訓練）を行うという意味があります。

どこの企業に聞いても「うちは人材育成はＯＪＴでやっていますから」と言われるのですが、実際にはＯＪＴになっていないことのほうが多いです。

一般的にＯＪＴは「部下の育成目標に対し、上司・先輩が職場で業務を通して、意図的・計画的・継続的に指導・援助活動を行うこと」と定義づけされます。

育成目標の設定

では最初に明確にしておくべきことは何でしょうか。それは「目標の設定」です。部下を持つ育成担当のリーダーは、1年後に部下にどうなって欲しいか明確になっているでしょうか。そして、その目標が部下と共有できていますでしょうか。

この質問に対して「はい」と答えることができれば第1関門はパスです。逆に1年後の姿が明確でなかったり、リーダーと部下の間での認識が違っていればそれを正す必要があります。

目標を明確にしないと何をどのように育成すればよいのかが不明確になります。

営業担当の新入社員を例に挙げて考えてみましょう。この新入社員に対して1年後にはどうなって欲しいのかという目標を立てなければなりません。例えば、「リーダーの補佐がなくても1人で新規顧客の開拓ができる」などが目標の例です。

育成項目を明確にする

2点目に目標を達成するためには具体的に何が必要か、育成項目に落とし込む必要があります。

営業の例であれば、「電話でアポイントが取れる」、「挨拶や名刺交換などの基本的なマナーができる」、「相手の話を聴き適切な質問ができる」、「企画提案書を書くことができる」といった具体的な項目にして何をすべきかを明確にします。

スケジュールに落とし込む

3点目に具体的項目に対して、この1年間で何をするのかをスケジュールに落とし込みます。

例えば、「電話でアポイントが取れる」であれば、4月から6月まではリーダーが電話でアポイントを取っている様子を横で見て学ぶ。7月から9月までは社内でリーダーや同僚に対して電話アポイントのロールプレイングを行う。

10月には営業向けの新規開拓の公開講座を受講し自分のスキルの確認を行う。11月から12月はリーダーに横についてもらいながら、電話アポイントの実践を行う。1月から3月は部下1人で電話アポイントを取り、何かあったときはいつでもリーダーに助けを求めることができるようにする。

というように1年の間で何をするのかを具体的に示します。

チェックを行う

4点目に最終的なチェックを行います。1年間かけてやってきたことが確実に身についているか確認を行います。「電話でアポイントが取れる」の場合は、アポイント件数ですぐに実績がわかりますが、実績数字だけで判断するのは危険です。アポイントの取り方に失礼がないか〝質〟も確認する必要があります。

そのためには、アポイントを取った顧客に対してリーダーがヒアリングをするなどして質に問題がないかを確認します。

リーダーによるチェックの結果、問題なければ「電話でアポイントが取れる」の項目は卒業です。しかし、問題があれば、次年度も継続的に本テーマを扱わないといけません。

以上のようにＯＪＴと言ってもやるべきことはたくさんあります。これらの4つの点は口頭ではなく、必ずシートに落とし込んでおきましょう。これがＯＪＴシートといわれるものです。本項で説明したことをＯＪＴシートに示すことで、人材育成を見える化することが重要です。

4　Off-JTを活用して人を育てる

部下育成の代表的な考え方としてＯＪＴとOff-JTがあり、前節ではＯＪＴについて見てきました。本節ではOff-JTについて説明します。

ＯＪＴは「職場で」、「仕事を通じて」、「仕事をしながら」Training（訓練）を行うという意味でした。Off はその反対で「職場を離れた」Job Training になります。

職場を離れた教育とは、社内の会議室や社外の貸会議室などを借りて行う企業内研修や、外部の公開セミナーに派遣するタイプの研修があります。

いずれにしても、仕事を中断して職場から離れた環境で研修を受講します。

企業内の集合研修は、社内で選ばれた受講者に対して社内の講師や外部から招へいした講師により、講義・演習・グループディスカッションなどを通じて必要な知識やスキルを身につけるものです。

社内で研修を実施するのは、研修プログラムの開発、資料の作成、会場の手配等の事前準備に手間がかかります。

外部の公開セミナーへ派遣する場合は、教育専門の研修会社や商工会議所などが提供するセミナーが多く開催されていますので、必要なテーマに応じて受講者を派遣します。

自社で開催する研修のメリットは自社に特化した内容にすることが可能であり、社内で講師を立てることで費用も安く実施することが可能です。

自社で研修をするデメリットとして、同じ社内のメンバーと社内講師のため視野が広がらないことや、お茶を濁すだけで終わってしまう可能性があります。

外部セミナーに派遣することのメリットは、様々な企業から受講生が集まってきますので、他業種の方と意見交換することで視野が広がったり、自社では気づかない視点に気づいたりすることが可能です。

また受講生が少人数であれば、自社内で研修を開催するよりも外部に派遣したほうが、費用や労力面において効率が良いといえます。

外部セミナーに派遣することのデメリットは様々な企業の方を対象にしているため、自社に特化した内容ではないことや、派遣人数が多くなると費用が高くなることもあります。

年1回外部セミナーを受講させる

チームリーダーはこれらの特徴を踏まえながら、部下に研修を受講させるようにするべきだと思います。

社内のＯＪＴだけだと、どうしても知識が偏ってしまいますし、場合によっては社内で通用してきたやり方が一般的には通用しないことがあるかもしれません。

また社外研修に派遣すると様々な企業の方と出会うことで他流試合ができ、自分の知識やスキルレベルを客観的な視点で知ることができますので、受講者にとって良い刺激になります。

チームリーダーは自分の部署のメンバーがせめて年に1回は外部セミナーを受講することができるよう、ＯＪＴでできないことをOff-JTで補ってください。

そして、外部セミナーを受講する際はＯＪＴと組合せ、何が必要なのか、なぜそのセミナーを受けないといけないのかという理由を明確にし、セミナーを受講した結果どうなって欲しいのかを伝えなければなりません。

私は社内研修の講師に呼ばれることもあれば、公開セミナーの講師を務めることも多くあります。年間多くの受講生と接する中で残念に思うことがあります。

それは、〝なぜ自分がその研修を受けなければならないのか〟を知らずに来る人です。取りあえず上司に行って来いと言われてきたような人がたまにいるのですが、その時点で研修の効果は半減しているといえます。

そのような場合、私が上司になり替わって研修の目的やなぜこの研修を受講しなければならないのかという動機づけを行うことがあります。これは講師がすることではなく、派遣する側の上司が伝えておくべきです。

さらに研修から帰ってからその内容について聞きもしない上司もいます。研修を受講してきた部下に対しては、内容について確認したり感想を聞くなどして研修で学んできたことを活かすようにしなければなりません。

5　良い指導者と悪い指導者の違い

業績アップと人の育成がリーダーの仕事

チームリーダーは様々な部下を抱えてマネジメントを行い、業績を上げるだけでなく部下の育成もしなければなりません。時にこの2つを両立させるのは非常に大変なのですが、人の育成は疎かにすることはできません。そんなことはわかっているのですが、中にはひどいリーダーがいるのも事実です。

私は人材育成に関する仕事をしていて思うのですが、最近では会社が行う人材育成は本当に手厚くなりました。新入社員が入ってきたら、1人の新入社員に対して1人の先輩社員をつけて指導担当者として1年間を通じて育成を行うということが当たり前になっています。

そんな育成担当者に対しては、1年間かけてどのように新入社員を指導すればよいのかというOJTリーダー研修も実施されています。

ところが、一昔前までは人の育成は十分に行われず、上司・先輩の背中を見て盗めという時代が長く続いていました。

私も含めてですが、未だにその考えから抜けきれない価値観の古い人が存在します。

良い指導者と悪い指導者の違い

では、価値観が古い人の考えとはどのようなものでしょうか。ここで良い指導者と悪い指導者の違いとして6つの点で説明致します。

まず1点目ですが、悪い指導者は自分が長年かけて蓄積してきた知識やスキルは自分のものだと思って出し惜しみしてしまい、部下に伝授しないのです。

このような人は部下に対して「私も上司のやり方を見て学んできたのだから、君も私のやり方を見て学びなさい」というスタンスで部下と接するのです。

それに対し良い指導者は、自分の知識・スキル・ノウハウは会社のものであると考え、それらを惜しみなく部下に伝授します。

2点目は、悪い指導者は部下が困っていても、こちらから働き掛けることはなく、わからないことがあれば部下から聞いてくるまで教えません。それに対し、良い指導者は部下が困っていると思ったら、部下から聞いてくる前にこちらから声を掛けてわからないことを指導します。

3点目は、悪い指導者は長年の知識や経験があるため、仕事の処理能力も早いので何でも自分でやってしまい部下にやらせないのです。部下にやらせると失敗するかもしれませんし、時間もかかるため自分でやったほうが効率がよいのです。

それに対して良い指導者は自分でやったほうが効率がよいとわかっていても部下を育てるためにあえて部下にやらせるのです。結果としてそうしないと部下は育成できません。

4点目は、悪い指導者は部下が成長しないので、自分の社内評価が上がらないのですが、良い指導者は部下が成長することで自分の社内評価も上がるのです。

5点目は、悪い指導者は部下が成長しないのは部下の能力が低いだとか、部下にやる気がないと言って部下のせいにするのですが、良い指導者は部下が成長しないのは自分の指導法がまずく、部下に応じた育成ができていないことを認め、自分の責任として考えます。

6点目は、悪い指導者は自分が部下に追い越されたくなく、自分が部下の上にいたいと自分のポジションにしがみつこうとするのですが、良い指導者は自分のポジションにしがみつこうとせず、自分を超える部下を育成することを理解しています。

新入社員で入ってきた部下にとっては、人生で初めてとなる育成担当者は良い意味でも悪い意味でも一生記憶に残ります。

彼らを受け入れる私たちとしては、やはり良いリーダーとして彼らの記憶に残りたいものです。リーダーはこれらの良い指導者の条件を自分だけでなく、部下を指導するメンバー全員に浸透させたいものです。

6　チームリーダーが行う3つの支援

部下の支援

チームリーダーはＯＪＴやOff-JTなど様々な方法で部下を育成しなければなりません。その意味でしっかりと部下の支援をしたいのですが、具体的にはどのような支援をすればよいのでしょうか。

本節では、立教大学の中原淳先生の研究を参考に私の考えも踏まえながら、チームリーダーがすべき3つの支援を説明します。３つの支援とは、業務支援・精神支援・内省支援です。

業務支援

まず、業務支援ですが、これはまさしく業務に関する支援です。業務のやり方、進め方を支援します。業務支援は職場で仕事のやり方を指導するという意味においてＯＪＴとほぼ同義と考えてよいと思います。

リーダーは部下の業務の指導や仕事のしやすい環境を整えることで、部下の業務の支援を行います。

精神支援

次に精神支援ですが、これは部下の相談役になるということです。部下は仕事をする中で様々な壁にぶつかり、悩み事を抱えるようになります。そんな部下に対して相談役になることで心の支えになってやるのが精神支援です。

ところがここで少し悩ましい問題があります。部下の相談事は業務の指導をしている直属の上司や先輩には言いにくいということがあります。

なぜならば、直属の上司や先輩との人間関係で悩んでいることもあるからです。直属の上司や先輩に相談できないとなると、精神的な支援が疎かになってしまうことになります。

そこで、会社によっては直属の上司や先輩以外に相談役をつけることがあります。特に新入社員に対しては、職場で仕事のやり方を直接指導するＯＪＴ指導者を付けるとともに、相談事をする相手として別にメンターをつけるのです。

メンターというのは会社によって呼び名も運用も様々ですが、基本的には新入社員が所属する以外の部門から比較的年齢が近い人をメンターとして任命し、相談事があったら何でもメンターに相談して構わないのです。

メンターが他部署の先輩であれば、直属の上司や先輩とは違って利害関係がありませんので、どんなことでも相談することができます。新入社員の直属の上司や先輩との人間関係についても、悩み事があればメンターに相談することができます。

このように1人の新入社員に対し、ＯＪＴ指導者とメンターの2人をつけて支援の体制をつくるというのはよほど余裕がないとできません。

比較的大企業ではこのような制度は進んでいますが、そもそも人数に余裕がある会社はそんなに多くはありません。ということは、直属の上司・先輩であるＯＪＴ指導者が業務支援と精神支援の両方を行う必要があるのです。

内省支援

3点目の支援は内省支援です。内省支援は一旦立ち止まって今までの業務を振り返る支援です。今まで仕事をやってきてどんな困難に直面し、それをどのように乗り越えてきたのか、どんな工夫をしたのか、そのときどう思ったのか等をリーダーが質問しながら振り返りを行うのです。

内省支援をすることで、気づきが生まれ、それが教訓となって次の仕事につながるのです。

計画を立てて支援を行う

中原先生は３つの支援の中でも内省支援はとても大切であると仰っています。ところが毎日の仕事に追われてしまう多忙なビジネスパーソンは内省をしないのです。次から次へとやってくる仕事の対処に追われ続けるため、一旦立ち止まって振り返る余裕などないのです。これは特にリーダー側にいえるのです。

自分の仕事がたとえ忙しくても、部下の育成はしなければならないので業務支援に時間はかけるものの、相談に乗ってやる精神支援の時間はなかなか取れず、改まって振り返りをする内省支援の時間はさらに取りづらいというのが現状なのです。

ただし、内省支援は部下の成長にとってとても重要ですので、これら３つの支援は思いつきで行うのではなく、計画立てて行うことを意識しなければなりません。

相手の状況にもよりますが、精神支援は１週間に１回、内省支援は２～３か月に１回などと決めて、あらかじめお互いのスケジュール帳に予定を書き込んでおくことをお勧めします。

スケジュール帳に面談予定を書き込む際に、どの曜日がよいでしょうか。私は金曜日の夕方をおすすめしています。金曜日は１週間の終わりですので、この週に起こったことの相談をまとめて聞くことができます。金曜日の夕方に部下と話をすることで、部下は気分良く週末を迎えることができますし、週末にじっくりと考えることもできます。あとは書き込んだ面談予定は平気でキャンセルしないことも重要です。

7　育成のPDCAサイクル

育成計画

前節では職場リーダーによる支援は思いつきで行うのではなく、計画立てて行うべきであるとお伝えしました。部下育成もこの計画性が大切ですので、本章の最後に育成のサイクルについて見ていきたいと思います。

第2章でPDCAサイクルについて説明しましたが、部下の育成も全く同じです。このPDCAサイクルに従って計画を立てましょう。

目標を設定する

すでに説明した通り、計画を立てるためには目標を設定することから始まります。目標を明確にしないと、計画の立てようがないのです。目標は1年後にどのように成長しているかという姿を明確にしておく必要があります。

ただし、「企画立案業務をこなせるようになる」というような定性的な表現は、1年後に何をもって達成したのか、もしくは達成していないのかが検証できず、結局リーダーの主観で決まってしまいます。

これでは納得感がありませんので、できる限り誰が見ても結果がわかるような表現、できれば定量的な表現にするとよいでしょう。

例えば「1年間で6つの企画の立案を行い、うち2つは社内承認を取ることができる能力を身に付ける」のように数値で表現すると、誰もが同じ評価をすることができます。

計画を立てる

目標が明確になったら、計画を立てることができます。「1年間で6つの企画の立案を行い、うち2つは社内承認を取る」であれば、1年間で6つの企画なので、ちょうど2か月に1つの企画が必要となり、隔月で1つは企画を立てなければならないことがわかります。

その中で2つの企画は社内承認を取らないといけないので、半年に1度のペースで承認が取れるように準備を進めなければなりません。

次に1つの企画を立案するために必要な所要時間を逆算すれば、いつから準備を始めればよいかがわかりますので、計画の中に着手する日を決めて記入しておけばよいのです。

ここで大切なのは着手すべき日は○月○日という具体的な〝日〟として決めておくことです。

着手が○月だけだと、追い込まれるまで着手せず、結局月末に慌ててスタートしてほぼ1か月は遅れてしまうことになります。

着手する日が遅れたら、なぜ遅れているのかをリーダーと一緒になって検証し、遅れる障害を取り除いてやることで、部下はできるだけ早く着手しようと思います。

そして着手する日が決まれば、当然ですが終わる日も記入しておきます。６つの企画の期限も１年分決めておくことで、その期限を意識して行動することができます。

このようにいつから始めていつ終えるかが決まるとリーダーによる育成のサポートも明確になります。

企画を立てるために必要な情報収集のやり方、関係部門との調整、企画書の作成方法、社内承認に向けた幹部への説明のポイントなどがいつ頃から必要なのかがわかります。

実行とチェック

このように計画が明確になれば、あとは実行です。リーダーがスケジュールを確認しながら、いつ何を指導しなければいけないのかを意識して部下の行動を観察しなければなりません。

そして、チェックです。チェックのタイミングは遅すぎないことです。チェックが遅れることで取り返しのつかない事態が起こらないように、早めにチェックをして必要なことは修正するための指導をしなければなりません。

計画に対する実行には遅れがつきものですし、人間は甘えの生き物ですので、第三者によるチェックが必要です。

基本的には部下の育成に責任を持つリーダーによる定期的なチェックを行いますが、リーダーも忙しくてチェックを怠ることがあります。

その際はさらに別の視点からチェックができるよう、さらに上の役職者によるチェック機能も含めたほうがよいでしょう。このチェックが十分機能すれば、そのあとの対策も確実に打つことが可能になります。

対策は計画に対して遅れていることや、仕事をするための知識やスキルが不足しているのであれば、何を育成しなければいけないのかを明確にして、リーダーがその指導をしなければなりません。

本節では育成のPDCAサイクルについて見てきましたが、お伝えしてきた分量からもおわかりの通り、計画がとても重要になります。まさしく「計画なきところに実行なし」ですので、リーダーと部下できっちりとした育成計画を立てましょう。

育成シートを作成する

育成のPDCAサイクルには、もう1つ重要なことがあります。それは育成シートを作成してPDCAサイクルで検討した内容を明文化することです。明文化することで、誰が見てもいつ・誰が・何をするのかが明らかになりますし、進捗のチェックもし易くなります。この育成シートはできるだけ多くの人の目に触れるようにします。育成対象の部下と育成担当者だけで完結するものであれば、それこそ書くことが目的となってしまい、完成した育成シートがその後活用されないこともあります。育成シートは最低でも、所属部門の責任者も目を通す必要がありますし、人事部門もシートをチェックして専門家の立場から必要に応じてアドバイスなどの支援を行うことも必要です。

人材育成の効果検証

本章は人材育成について焦点を当ててきましたが、もっとも難しいのは効果検証です。学校の教育は試験の点数や偏差値などで教育の効果を測定することができますが、企業における教育についてどのように効果測定をするのかは永遠の課題です。上司や先輩によるＯＪＴや研修などのOff-JTを受けた結果、その人がどれだけ成長したのかを測定するのはとても難しいです。

研修の効果測定の中で有名なものには「カークパトリックモデル」というものがあります。これは研修受講後、４つのステップで効果を検証するものです。第１のレベルは研修直後のアンケートで受講者の理解度や満足度を調べます。第２のレベルは研修後に試験をするなど知識の修得度合いを調べます。第３のレベルは職場において研修で学んだことを活かして行動しているかを調べます。第４のレベルは組織に良い結果をもたらしたかを測定します。第１と第２のレベルは研修後、その場で確認することができますが、第３と第４のレベルになると第三者による確認が必要となるため労力がかかります。

仕事において結果が出たとしても、それが研修の効果なのか、他の要因なのかははっきりしないことがあります。カークパトリックモデルのような既存のものを参考に自分たちで納得できるような検証方法を検討する必要があります。

第8章

部下を育成するコミュニケーションスキル

1　まずは部下の話を聴くことから始まる

コミュニケーションスキル

本章は部下を育成するためのコミュニケーションスキルについて見ていきます。部下育成のコミュニケーションスキルといっても「聞く」「話す」「質問する」「褒める」「叱る」など様々なものがありますが、まずは「聴く」に焦点を当てます。なぜ聴くに焦点を当てるかというと、もちろんそれが重要だからです。

なぜ、部下の話を聴くことが重要なのでしょうか。皆さんも経験があると思いますが、何か悩み事や相談事があり、上司に相談に行ったとします。上司は話は聞いてくれているのですが、その話の聞き方が失礼な聞き方だとどう思うでしょうか。

例えば、あなたに身体を向けることもなく、パソコンの画面を見ながら聞いていたり、手元の書類に目を通しながら聞いていたりすると、聞いてもらっているとは誰も思わないでしょう。そんなことは誰もがわかっていることなのですが、それができない人がとても多いのです。

部下の話を聴くことの効果

部下の話を聴くことでよい効果が色々とありますので、整理しておきましょう。

まずは上司に話をじっくり聴いてもらうことで、部下は心に溜まっている負の感情やわだかまりから解放されるのです。

皆さんも経験があると思いますが、例えば学生時代に付き合っていた彼氏・彼女から別れ話を持ち出されたとします。

もうショックで夜も寝れない状態です。

そんなときに親しい友人に電話をして、その気持ちを長々と話しました。そして1時間ほど話をすると心がスッキリとすることがあります。

これは心の中に溜まっていた負の感情を全て吐き出すことで、心が浄化された状態になったといえます。

このことをカタルシス効果といいます。

心の中の負の感情を吐き出すことで、本人は心の整理をすることができます。心の中にある、モヤモヤとした負の感情は目に見えないものです。この目に見えないことを言葉にして話すことで言語化すれば、誰が見ても理解することができます。言語化すれば、こんなことで悩んでいたのかと気持ちを整理することができ、問題解決の方向へ向かうことが可能になります。

相手の話をじっくりと聴くのは、時間がかかりときにはこちらの忍耐も必要ですが、マイナスの状態にいる部下を少しでもプラスに近づけるためには近道ととらえてしっかりと話を聴きたいものです。

部下の話を聴くことのリーダーのメリット

部下の話をじっくりと聴くことはリーダーにとってもメリットがあります。部下の話を聴くことで、「彼はこんなことで悩んでいたんだ」、「彼女はこのように解釈をするんだ」、「彼はこのことを大切にしているんだ」と部下の価値観や考えなどを理解し、問題解決や部下育成に活かすことができます。

また、部下の話を聴くことで、部下に対するリーダーシップが醸成されます。部下の話を聴くことで、「この人は私の話を聴いてくれるのだ」という想いが部下の心に芽生え、リーダーについていこうという気持ちになるのです。

冒頭に出てきたように、パソコン画面を見ながらや、手元の書類に目を通しながら人の話を聞く上司よりも、部下に向き合い、相手の目を見て、こちらの気持ちを理解しようと思って真剣に話を聴いてくれる上司であれば、部下も心を開いて話をしようと思いますし、結果としてその上司との間に信頼関係が生まれて、その人に付いて行きたいという気持ちが芽生えます。

このことは傾聴のリーダーシップといわれ、リーダーシップ研究のもっとも古いものの1つです。

部下を持つリーダーとして、部下と信頼関係をつくるためにはまずは相手の話を聴くことが大切なのです。

2　アクティブリスニングをマスターする

アクティブリスニングとは

前節では部下の話を聴くことの大切さを説明しました。では、どのように部下の話を聴けばよいのでしょうか。本節では対人関係の基本であるアクティブリスニング（日本語では積極的傾聴といいます）を説明致します。聞くという行為自体は受け身のようですが、こちらから〝積極的〟に聴くのです。

アクティブリスニングとは、コミュニケーションにおける積極的な聴き方の態度、姿勢に対する考え方のことをいいます。

実は本書では意識的に異なる漢字を使っていましたので、気づかれた方もおられると思うのですが、「きく」という言葉には「聞く」と「聴く」という漢字があります。

私は意図的に「聴く」という漢字を使っていました。アクティブリスニングでは後者の「聴く」を使います。「聞」という字は「耳」が「門」の中に囲われているため、相手の話をきちんと聞いていない漢字に見えます。

「聴」という字は「耳」だけで聴くのではなく、「目」でも聴き、「心」でも相手の話を聴くことで、相手の考えや気持ちを相手の立場に立って聴くことを意味します。では、具体的な聴き方について見ていきましょう。

3つのスキル

アクティブリスニングには3つのスキルがあります。

まず1点目は「うなずく」です。うなずくとは、相手の目を見つめながら首を縦に振って「あなたの話を聴いていますよ」というメッセージを送る行為で、相手の話を真剣に聞いているという気持ちの表れです。

相手の人格に対して肯定的であり、コミュニケーションに大きなプラスの効果を発揮します。相手の話す内容によってうなずき方も変わります。楽しい話、明るい話のときは「浅く」、「早く」うなずきますが、つらい話、苦しい話のときは「深く」、「ゆっくりと」うなずきます。

2点目のスキルは「あいづち」です。あいづちとは、相手の話している内容を理解していますということを声に出して相手に伝える行為です。相手は今、話していることが理解されていると安心するのです。たとえば、単純なあいづちは「はい」「へー」「うん」「ええ」などがあります。

少し心を込めて「なるほど」「本当ですか」「すごいですね」「それはいいですね」「おもしろいですね」というと、相手に興味関心があって聴いているということが伝わります。

ただし、機械的なあいづちは避けたほうがよいです。何を話しても「はい」「はい」「はい」の繰り返しでは、相手は馬鹿にされていると感じてしまい逆効果です。

３点目のスキルは「おうむ返し」です。バックトラッキングともいいます。おうむ返しは相手が言ったことを簡単に復唱することで、話の確認をすることができます。

また、相手が言った後にこちらが復唱して話を伝えることで、対話が途切れることを防ぐことができます。

ただし、相手の話をすべて真似て伝え返すと明らかにおかしいので、少し工夫をします。例えば、次のように相手の言いたいことをつかみ取り、その重要となるキーワードのみを伝え返します。

Ａ：「昨日は夜の11時まで残業だったんだ」Ｂ：「11時まで！」

主語と述語を伝え返すと、さらに話をよく聴いていることが伝わります。

Ａ：「私の上司が、お前は仕事が遅いから、もっとテキパキと働けって侮辱的な言い方をするのよ」

Ｂ：「あなたの上司が侮辱的な話し方をするのですね」

相手がダラダラと長い話をしているときは、何が言いたいのかよくわからないことがあります。そんなときは、相手の言いたいことをつかみ取り、簡潔に要点をまとめて伝え返すことで、お互い話の確認をすることができます。

Ｂ：「ようするにあなたが言いたかったのは、・・・・・・ということなんですね」

実は、これら３つのスキルはカウンセラーのスキルなのです。これらはカウンセラーだけではなく、部下の話を聴く際や、営業の方のお客様の話を聴く際のスキルとして幅広く活用されています。対人関係の基本ですので、ぜひマスターしてください。

3　コーチングで部下を育成する

コーチングとは

第7章では部下育成について説明してきました。部下育成で必ず必要になるスキルがコーチングです。今やコーチングはビジネスパーソンの常識ともいえますので、まだご存知でない方はぜひこの機会に学んでください。

まずコーチという言葉を聞いて皆さんは何を思い浮かべますでしょうか。普段からよく聞くのはサッカーのコーチや野球のコーチなど、スポーツのコーチをイメージされると思います。

では、このコーチは選手に対して何をしているでしょうか。練習中や試合中に選手に対して指示・指導やアドバイスをしたりしているというのが一般的な答えでしょう。そのイメージを否定するわけではないのですが、本書で述べるコーチは全く違った考え方をします。

コーチングのコーチとは

では、コーチングのコーチは一体何をするのでしょうか。まず、コーチは基本的に指示・指導やアドバイスは行いません。そういうと、一体何をするのかと質問が出てきますね。荒っぽくいうと、コーチは部下に考えさせることをします。つまり、部下に考えさせるために質問をするのです。

本来、リーダーは新入社員や中途採用の社員が入ってきたら、仕事のやり方を一から教えます。そのことで新しく入ってきた人は仕事のやり方を覚えて成長していくのです。

ところが、リーダーから一方的に教えるばかりだと何が起こるでしょうか。

部下は教えてもらうことに慣れて、それが普通となり、自分では考えないようになります。新しい状況に出くわしたとき、問題が発生したときなど、何でもリーダーに指示を聞いて教えを請うのです。

つまり、自分で考えなくてもリーダーが答えを提供してくれるのです。

この状況が続くと部下は指示待ち人間になってしまいます。指示待ち人間はリーダーの指示があるまで動かないので、自分から主体的に働くことにはなりません。これは会社側にとっても大問題です。

限られた人数で多くの仕事をこなさなければならないのに、リーダーの指示が出るまで動けない人がいると、業務効率が上がることはないでしょう。

自ら考えて主体的に動く社員が必要なのは、本書でもすでに触れてきました。

リーダーの質問により自分で考えた結果を行動に移すということは、自らやろうという動機づけにもなります。

リーダーから一方的にあれをやれこれをやれと言われると、やらされ感を持って仕事をしないといけませんが、自分で考えて行動に移すということはそのようなやらされ感もなく、より自律的に仕事をするようになります。

部下が持っているものを引き出す

次に、リーダーのやり方が今後のビジネスで通用するかどうかという視点でも部下育成を考えてください。

昨今では「働き方改革」、「ワークライフバランス」、「ダイバーシティ」、「AI革命」など、働き方に関する新しい考え方が一気に出てきました。

言い方はよくないかもしれませんが、これまでの働き方が否定されているといえます。つまり、リーダーの仕事のやり方自体を見直さなければならないのです。

ということは、リーダーの答えが唯一の正解ではないということがいえます。

部下の視点で新しい価値観や考え方を引き出して仕事に活かしていかなければなりません。同じような仕事を同じようにやらせることが部下育成ではないのです。

最近の世の中は正解がない時代だといわれています。過去に通用してきたことが、今日・明日通用するかがわからない時代ですので、部下の持っているものを引き出すコミュニケーションをこれまで以上にやることが必要です。

また、部下から引き出したアイデアや考えをすぐに否定してしまう上司もいます。正解がない時代ですので、いきなり否定せずにまずは受け入れましょう。

4　ティーチングとコーチングの違い

ティーチングとコーチング

前節ではコーチングの重要性をお伝えしましたが、コーチングはティーチングとどう違うのでしょうか。

ティーチングは、リーダーが仕事に関する知識やスキルを部下に教えることです。そのため、ティーチングは部下がその仕事に関する経験や知識がないことが前提となります。

それに対しコーチングは部下がその仕事に関する経験があり、ある程度知識を有していることが前提となります。

つまり、ティーチングはやり方や答えはリーダーが持っており、それを部下に教えることになります。それに対し、コーチングはやり方・アイデア・やる気は部下が持っており、それをリーダーが引き出すことになります。

このように考えるとティーチングは矢印がリーダーから部下に、コーチングは矢印が部下からリーダーに向いているといえます。

ここでティーチングとコーチングを説明する際に、よく引き合いに使われるたとえ話をしたいと思います。次の算数の計算の例で考えてみましょう。

学校では計算を次のように教えます。30円＋70円＝○円　の○に当てはまる数値はどのように導き出すのか。10円玉を3枚と7枚用意して、それを机の上に置いて「10円、20円、30円、40円・・・・」と数えると100円になります。つまり、＋という記号は足すということであることを教えるのです。30円プラス70円は100円にしかならないので答えは決まっています。これがティーチングです。ティーチングで基礎を学べばコーチングで学力を伸ばすことができます。

＋は足すという意味であることを学べば、その知識を活用して使い方を考えさせるのです。○円＋○円＝100円の○の中に入る組合せを考えさせるのです。

この場合、10円玉の組合せは色々とあります。1枚プラス9枚、2枚プラス8枚、3枚プラス7枚・・・・と組合せ方は自由です。1円玉があればさらに組合せは増えます。

足し算ができるようになると、次に掛け算を教えます。10円玉が10枚の山が2つあれば200円になります。これは10円玉の山×2＝200円という式となり、×はその山をいくつ用意するかという意味を教えます。これがティーチングです。

×の意味がわかれば、コーチングで○円×○＝200円の○の中に入る組合せを考えさせるのです。この場合も答えは1つではなく、様々な組合せがあります。

相手の成長のステージに応じて使い分ける

このように、ティーチングで基礎を教えてコーチングで相手に考えさせることで学力を伸ばしてやることが先生の役割です。

上記の例を営業担当者の目標達成に置き換えてみましょう。ティーチングでは目標数値を達成するために、どのような商品を提案すべきか、商談はどのように進めるべきか、新規開拓はどのようにやるのかなどを、リーダーが部下に対して手取り足取り教えるのです。

これらのやり方を学べば、今度は目標数値を達成するために何をすればよいかを部下に考えさせます。これがコーチングです。

さらに部下が成長すると、目標数値自体も部下に考えさせ、その目標を達成する方法も部下に考えさせるのです。この領域になると、コーチングが大いに活用できるのです。

このように考えるとティーチングとコーチングはどちらが良いとか悪いではなく、相手の成長のステージに応じて使い分けたり、組み合わせたりすることが重要になってくるのです。

5　コーチングはこのように行う

信頼関係がベース

前節ではティーチングとコーチングの違いを見てきました。本節では具体的にコーチングはどのように行うのかを説明します。

コーチングを行うにはリーダーと部下の間に信頼関係がなければいけません。信頼関係がなければ

〔図表10　コーチングの行い方〕

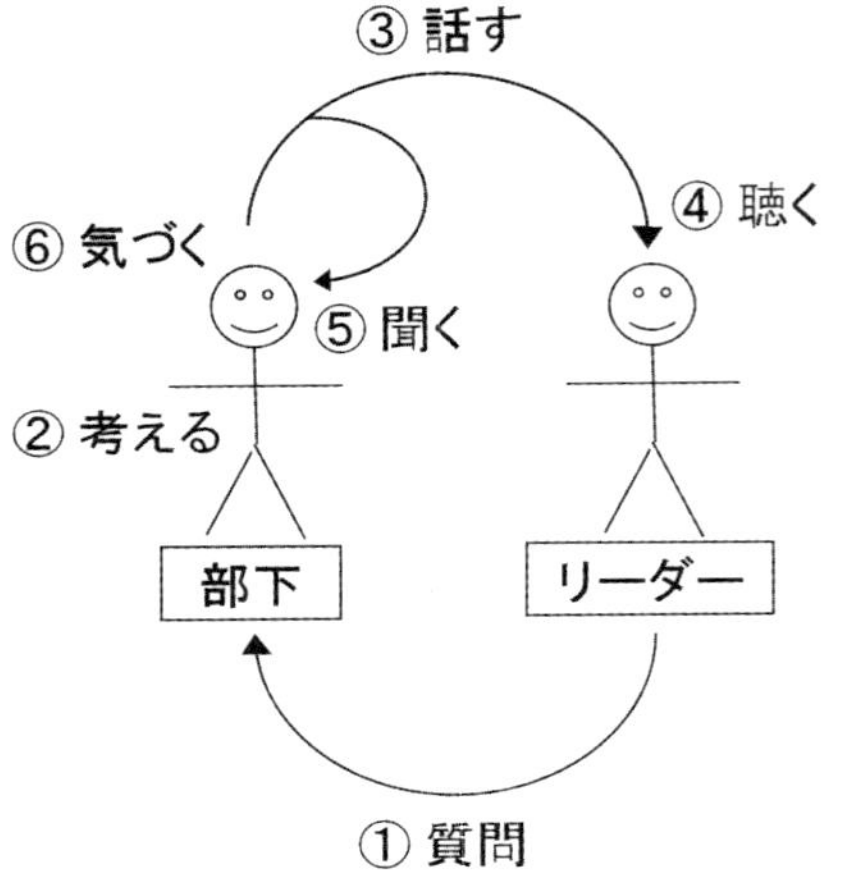

ばコーチングは機能しないのです。

なぜならば、コーチングは質問によるコミュニケーションとお伝えしましたが、いくらリーダーが質問をしたとしても、部下がリーダーのことを信頼していなければ質問に対して真剣に答えようとせず、適当にしか考えないからです。

皆さんも経験があると思いますが、あまり信頼していない上司から面談で色々な質問を受けると、心の中を探られているように思ってしまいます。

そして上司の質問に答えたとしても、本音でないことを話したり、適当なことを話したりします。

上司の質問に部下が本音で答えるためには、信頼関係がなければいけないのです。

では、図表10に従って順番に説明します。

コーチングの行い方

①　コーチングは質問から始まります。リーダーは面談のテーマに従って質問を投げかけます。リーダーから教えてもらうことに慣れている部下に対して、本人が本来持っている「答え」をいかに引き出すか、そのためにどのような質問をするかが重要となります。

ただし、「質問する」ということは、ただやみくもに質問すればいい、というわけではありません。部下の気づきを促すような、的確な質問を行うことが重要となります。

②　リーダーから質問を投げかけられると、部下は自分の頭の中で質問に対する答えを考えます。この考えている時間が部下にとって重要です。

質問に対する答えがすぐに出てくることもあれば、じっくり考えてから出てくることもあります。

場合によっては答えがなかなか出てこないこともあります。

リーダーは相手の様子をよく観察しながら、必要に応じて質問の内容を噛み砕いて簡単にしたり、補足して質問をわかりやすくします。

部下が質問に答えられないからといって、質問の内容を次から次に変えるのはよくありません。

③　部下は考えた結果をリーダーに話します。思いついたことを整理せず、思いついたままに話すこともあれば、思いついたことを頭の中で整理をしてから話すこともあります。

話の内容によっては、目を輝かせながらイキイキと話すこともあれば、重い雰囲気で下を向きながら話すこともあります。

④ リーダーは部下の話し方をよく観察し、心の中で起こっていることにも注意を向けます。リーダーは部下の話をよく聴きます。このときの聴き方はすでに説明をしたアクティブリスニング、積極的傾聴を心掛けます。うなずき・あいづち・おうむ返しを活用しながら聴きます。また、部下の話の内容だけではなく、声の大きさ、表情、目の輝き、うつむきながら話しているのか、それとも前を向いて話しているのか、自信を持って話しているか、自信なさげに話しているかなどもよく観察しながら聴きます。

⑤ リーダーから質問を受けて、考えた結果を声に出して話すことは、部下は自分で話していることを自分の耳でも聞いていることになります。

⑥ 以上の①から⑤のサイクルを繰り返すと、そのうちに部下に気づきが生まれます。例えば、新しい発見をしたり、アイデアが思い浮かんできたり、今までの自分のやり方ではいけないと気づいたりするのです。

これらのサイクルはとてもシンプルでありますが、どの段階もとても重要です。特に②から⑥が上手く機能するためには、①の質問が重要になってきます。

リーダーの質問が良ければ、相手は深く考えることができますし、リーダーの質問が悪ければ、相手の思考が混乱することになります。

6　質問のスキルをマスターする

オープンクエスチョン

質問には大きく2つの種類があります。それは、「オープンクエスチョン」と「クローズドクエスチョン」です。オープンクエスチョンは開かれた質問ともいいますが、開かれたということは答えに正解はないので、相手は自由に答えを考えることができます。

オープンクエスチョンは5W1Hを使います。これは英語のWhat・When・Who・Where・Why・Howを活用します。

What：「何」はとても使い勝手がよい質問です。例えば、「あなた来年度は何を目標にしようと思いますか」、「あなたの目標達成の障害になっているのは何ですか」、「何か言っておきたいことはありますか」などの質問ができます。

When：「いつ」は時期や期限を明確にする際に使います。例えば、「その作業はいつから始めますか」、「そのレポートはいつ提出できますか」、「得意先からクレームを受けたのはいつですか」などの質問で時期や期限を明確にすることができます。

Who：「誰」は主体や、関係者を明確にする際に使います。例えば、「そのプロジェクトは誰が進めるのですか」、「次回の訪問の際は誰宛てにうかがうのですか」、「誰がそのことに対して異論を唱えているのですか」などで人を特定することができます。

Where：「どこで」は発生場所・開催場所などを明確にすることができます。例えば、「その不良品はどこの工程で発生したのですか」、「商品の納品場所はどこになりますか」、「どこに行けば部長と会えますか」などの質問ができます。

Why：「なぜ」は原因や理由を明確にする際に使います。「なぜ、そんなことが起こったのですか」、「今月はなぜ売上が達成できたと思いますか」などの質問ができます。Whyを使う際はWhyプラスnotやWhyプラス否定的な表現には気をつけます。「なぜ、これができないのですか」「なぜ、遅刻ばかりするのですか」という質問は詰問になって相手を追い込んでしまう可能性があるので要注意です。

How：「どのように」はやり方を明確にする際や内容を掘り下げる際に使います。「どのようにすればよいと思いますか」、「どのような点がおかしいと思いますか」などの質問ができます。Howの質問はより発展的な答えが期待できますので、できるだけ多く使ってみましょう。

クローズドクエスチョン

オープンクエスチョンの対になるのがクローズドクエスチョンです。「YESかNO」または「AかB」のどちらかを選ばせる質問で、こちらが答えを用意していますので、質問に対して相手の答えが限られてしまいます。

クローズドクエスチョンで切り分けながら質問を細かくしていき、話を絞り込んでいったり、相手の意思を確認するときに使うことができます。例えば、「あなたはA案とB案のどちらがよいと思いますか」、「あなたはこの方針に対して異議はありますか」など、相手の意思を明確にするときに使えます。

このクローズドクエスチョンは話が発展しにくいため、この質問ばかりすると相手は嫌気がさします。そのためオープンクエスチョンとクローズドクエスチョンの両方を織り交ぜながら使うと効果的です。

チャンクアップとチャンクダウン

コーチングの質問でもう1点知っておきたいのは、チャンクアップとチャンクダウンです。チャンクというのは塊という意味です。

チャンクアップは話が細かくなり過ぎ、目先のことばかりに目を向けるのではなく、もっと大きなことに目を向けるときに使えます。例えば「そもそも、その業務をすることで会社にどのような貢献をしたいと思うのですか？」という質問などができます。

チャンクダウンは塊をほぐすという意味で、話が漠然としているときに具体的にしたり、抽象的なイメージをより具体的な言葉で明確にすることができます。例えば「仕事を通じて大きく成長したいと言いますが、成長とは具体的にどのようになっていることですか」という質問ができます。

これらのように様々な質問を織り交ぜながら、いかに相手に考えさせるかがコーチングではとても重要になってきます。ただし、いきなり使いこなすことはできませんので、普段から質問を使う練習をしましょう。

7 コーチングのステップ

本章ではコーチングについて見てきましたが、実際に部下と面談をする際にどのように進めていけばよいのでしょうか。

部下と面談を始めていきなり質問ばかりすると、とてもやりづらいものです。ここでは、一般的によく活用されるステップを紹介します。

第1ステップ：「セットアップ」

たとえ仕事の面談であったとしても、いきなり本題に入ると部下はリラックスして話をすることはできないものです。

まずは、話しやすい雰囲気づくりから始めます。部下の興味や関心事に触れたり、家庭の様子を聴いてみたり、またリーダーの個人的なことを話してみるのもよいでしょう。

例えば、「夏休みのハワイ旅行はどうだった？　とても良かったんじゃないかな」、「今年生まれた子供さんの様子はどうかな。とても可愛いだろう」、「昨日、妻とバーゲンに買い物に行ったのだけど、また無駄なものを買ってしまったよ」など雑談をすることで、話しやすい雰囲気づくりができます。

第2ステップ：「現状の確認」

次に仕事の本題に入りますが、現状の確認には２つの意味があります。それは特にテーマを絞らない現状の確認と、テーマを絞った現状の確認です。

テーマを絞らない現状の確認は「最近の仕事の調子はどうかな」と仕事全般に範囲を広げます。テーマを絞る現状の確認は「今月の販売状況はどうかな」と具体的にテーマを絞ります。

この場合は、いきなりテーマを絞るよりも、前者のテーマを絞らない現状の確認をしてから、本題に入ってテーマを絞った確認をしたほうが話しやすいでしょう。

第3ステップ：「目標の明確化」

現在の状況が明らかになれば、今期達成しなければならない目標をリーダーと部下の間で明確にします。

期初立てた目標なのか、途中で修正した目標なのか曖昧にしないことが大切です。

ステップ２と３の順番ですが、ステップ３の話をしてからステップ２という流れでも構いませんが、いきなり目標の話を持ち出されるよりも現状確認をしたうえで目標を確認したほうが部下は話しやすいかもしれません。

第4ステップ：「ギャップの分析」

目標に対して現状と比較すると、どれくらい進捗しているのか目標と現状のギャップを知ることができます。

ここで大切なのは、誰が見てもそのギャップが明確に認識されなければならないということです。「どうも進捗がよくないな」では、どれくらいよくないのかが客観的にわかりませんので、数値化するなどしてわかりやすくします。

ただし、営業パーソンのように数値目標を持たない人はどのようにすればよいのでしょうか。ここは少し工夫が必要です。

私が以前、腰を痛めたときに通っていた病院の先生の数値化はとてもわかりやすかったです。その先生は、「腰の痛みを10段階で表現して10は死ぬほど痛いとすれば、今どれくらい痛いですか」とよく尋ねてこられました。

私は「今日は7です」とか、「前回来たときは8でしたが、今日は5になりました」などと答えていましたので、先生の治療方針も立てやすかったのだと思います。

ステップ4で目標と現実のギャップが明確になれば、さらになぜそのような差が生まれるのか原因も考えます。

原因を考えるときに注意すべきことは2つあります。1つは思い込みで原因を特定せず、様々な原因の可能性を考えることと、表面的な原因で満足せず、深堀をして考えるということです。

そのためには、前項で学んだ質問のスキルを活用することが必要です。部下が多角的に考えることができるように様々な質問をしましょう。

第5ステップ：「対策の検討」

ステップ４で目標に対して進捗が遅れている原因を明確にしたら、どうすればよいのか対策を考えなければなりません。ステップ５でもリーダーが様々な質問をすることで、部下に対策を考えさせます。

そして、色々な案が出てきたら、効果が見込めてより現実的な対策を計画に落とし込みます。計画を立てるときはすでに学んだ５Ｗ３Ｈの視点で整理をします。

第6ステップ：「まとめと振返り」

面談の最後は必ず、その日の面談内容をまとめます。面談内容をまとめるとは、目標に対して現在の進捗状況はどうなのか、進捗が遅れているのであればその原因は何なのか、その原因を克服して目標を達成するためには何をするのかをお互いで確認し合うのです。

その際はリーダーとしてできる支援が何かあるかも聞いてみます。部下にとってはその一言がとても心強いものになります。

そして、面談が終われば、すぐにその場を離れるのではなく、面談全体を通じて他に気づいたことはなかったか、言い残したことはないかなどを尋ねてみます。

さらに、この際に話しておきたいことはないか、面談のテーマ以外のことについても尋ねてみるとよいでしょう。

本節ではコーチングのステップを説明しました。絶対にこのステップに従う必要はありませんが、このステップはとてもわかりやすいので是非活用してください。

グループコーチングとは

コーチングには1対1ではなく、5～7名程度の複数名に対して行うグループコーチングというものもあります。

グループコーチングの運用は大きく2つあります。

1つは問題や課題を抱えた特定の人を対象に、リーダーがコーチングを行うのですが、その他のメンバーにもリーダーが質問をすることで意見を求め、第三者のアイデアや経験などを問題や課題解決のヒントにするものです。さらに、他のメンバーからも問題や課題を抱えた当事者に質問をすることで、様々な視点から気づきを促します。

もう1つはあるテーマを設定し、リーダーがグループメンバー全員に対してコーチングを行うものです。この場合は特定の個人の問題や課題ではなく、全員に共通するテーマを取り上げます。基本的にはリーダーが質問を投げかけますが、メンバーがお互いに質問をし合うこともあります。

ただし、いずれの場合も気をつけるべきことがあります。それは傾聴と質問のスキルをメンバー全員ができなければいけないということです。これらができないと、人の話を聴かずに一方的に話をしたり、質問が詰問になってしまい、個人攻撃になることがあります。そのため、リーダーの運用能力が問われます。

第9章

部下を褒めて育成する

1　褒めるとはどういうことか

人を褒める

人を褒めて育てることは大人・子供関係なくとても大切です。人は誰でも褒められると悪い気はしないものです。

ただし、何でも思いつくままに褒めればよいかというと決してそうでもありません。どのように褒めるかという褒め方に関する書籍は非常に多いですが、肝心の褒めるの本当の意味が誤解されて使われていることもあると思います。

では、褒めるとはどういうことでしょうか。褒めるを辞書で調べると「人の行いや結果などの優れている点を認めてよく言うこと」とあります。

「褒」を使った熟語としては「ご褒美」があります。ご褒美は「褒めて与える品物や金銭」ですが、褒めるは品物や金銭ではなく言葉を与えることです。

つまり、ご褒美にはお金がかかりますが、褒めることにはお金がかからないのです。

褒め言葉はいくら与えてもコストはかからないので、たくさん使いたいものです。

また「ほめる」という漢字には「褒める」と「誉める」の2種類があります。辞書で調べてみても基本的には同じ意味ですが、「誉める」のほうは「名誉」や「栄誉」などの熟語に使われます。

「誉（ほまれ）」という言葉は「誇りとするに足る事柄」や「素晴らしいという評判を得ること」という意味がありますので、「誉める」のほうがニュアンスとしては褒めるよりもレベルが高いイメージがあります。

「名誉」や「栄誉」は1人の人から得られるものではなく、多くの人から得るものに対し、「褒美」は1人の人から得ることができます。

つまり、職場でリーダーが部下に与えるものは、言葉のご褒美である「褒める」という行為だといえます。

「誉」の漢字の誉めるを別の言葉で表現すると「称える」という言葉が使えます。称えるとは「素晴らしいと思う気持ちを敬意を持って相手に伝える」という意味ですので、自分よりも目上の人に使う時には「褒める」よりも「称える」ほうが適切でしょう。

少しややこしい話になりましたが、リーダーは部下に対してコストのかからない「褒め言葉」を与えることが望ましいのです。

よく、部下が素晴らしい成績を残したときに「一杯飲みに連れていく」とか、「焼き肉をごちそうする」というリーダーがいますが、これらの行為は金銭や品物によって与えるご褒美です。金銭や品物によるご褒美はリーダーの負担も大きく、部下が素晴らしい成績を出すたびに連れて行くわけにはいきません。

言葉によるご褒美である褒め言葉を与えたいのですが、どうもそれが上手くできないリーダーが多いのも事実です。

最近では褒め方に関する書籍も多く出版され、私がネットで褒めるというキーワードで書籍を検索すると120件以上ものヒットがありました。

また、褒め方に関する公開セミナーや企業研修も非常に多く開催されています。私にも部下の褒め方や叱り方に関するセミナーや研修のご依頼が非常に多く入ってきます。

それほど、褒めることが注目されているのです。逆に言うと、普段褒めることがあまりなく、どのように褒めてよいのかがわからないリーダーがたくさんいるともいえます。

本章では褒めるについて解説をしていきますので、ぜひ参考にしていただきコストをかけずに部下のやる気を高める方法を身につけてください。

2　褒めるとおだてるの違い

褒めるとおだてるの5つの違い

前節では褒めることの意味を説明しましたが、一番誤解が多いのが「褒める」と「おだてる」です。この両者を混同して使う人が多くいます。

皆さんは両者の違いを説明してくださいと言われたら説明できますでしょうか。「おだてる」という行為は「褒める」とは全く違います。

「おだてる」を使っている人は部下のやる気を高めるどころか、逆にあなたに対する不信感を持たれることにもなりかねません。

本節では褒めるとおだてるの違いを5つの点で整理します。

まず1点目ですが、前節で褒めるのは相手の行為や結果が対象であることを説明しました。つまり褒めるためには行為や結果という「事実」がなければいけません。事実かどうかもわからないことをよく言うのは「褒める」ではなく「おだてる」です。

例えば、「○○君は職場でリーダーシップを発揮してそうで素晴らしいですね」の中にある「～そう」は、想像の世界ですので事実ではありません。相手のことをよく知り、褒める事実を確実に押さえないと褒めることができないのです。

次に2点目ですが、褒める場合には「理由」が明確でなければいけません。なぜ褒めるに値するか理由は明確になっているでしょうか。

例えば、「○○さんが営業目標を達成してくれたおかげで、他の部員の未達分をカバーすることができたから」や「○○君が率先して取り組んでくれたので、他のメンバーも行動に移してくれたから」という理由だあれば立派な「褒める」になります。褒めるネタがないと「今日の髪型はかっこ良いな」や「スーツがビシッと決まっているね」など目に付いたことを取り上げて褒めようとするのです。

これは聞いている相手からすれば、なぜ髪型が褒められるのか、なぜスーツが褒められるのか理解できないのです。要するに「理由なき褒める」は褒めるではなく、おだてるなのです。

3点目に、第三者が聞いても納得できるのが褒めるですが、第三者が聞いても納得できないのがおだてるです。私にも苦い経験があるのですが、同じような仕事をしている部下が2人おり、ある日そのうちの1人の部下を褒めたら、もう1人の部下から「なんで久保田さんは○○さんのことを褒めるのですか？　私も同じように仕事をしているじゃないですか」と詰め寄られたことがあります。

これは褒める事実が明確でなく、褒めるべき理由もその部下が理解していないから当然のことだと反省しました。

事実と理由がしっかりと理解されれば、誰もが納得するでしょう。

そして4点目ですが、褒める際は、リーダーは自分の気持ちを素直に伝えます。また、表現に工夫をして褒めます。

嬉しいのであれば、その気持ちを素直に言い表さなければいけません。気持ちを込めて褒めるほど、それは相手に伝わります。

それに対しておだてる場合は、リーダーは自分の本当の気持ちを伝えておらず、表現の工夫も見られません。

そのため、部下からすると本当に褒めているのだろうかと不審に思うわけです。褒めると部下は嬉しくてやる気が出ますが、おだてると部下は必ずしも嬉しくはありません。

最後に5点目は、褒めるとおだてるの目的の違いです。褒めるとおだてるではその目的が明らかに違います。

褒める目的は部下のやる気を高め、成長を促すことですが、おだてる目的はこちらに何か下心があり、自分への見返りを期待しています。

皆さんは褒めるつもりでもおだてるになっていませんでしょうか。この違いを明確にして部下を褒めたいものです。

3　部下を褒めることの効果

部下を褒めるのは面倒だとか、気恥ずかしいとか、なかなか褒めることができない人がいます。でも褒めることによる効果は絶大です。ただ気分が良いだけではなく、その他にも素晴らしい効果がたくさんあります。その効果を知れば、褒めることをやらないのは非常にもったいないと思いますので、是非その効果を確認してください。

チームリーダーとして知っておきたい褒めることの効果は図表11の6点にまとめてみましたので参考にしてください。

これらのように部下を褒めることの効果は数多くありますので、褒め方をきっちりとマスターして使っていきましょう。

〔図表 11　褒めることの効果〕

①やる気を高める	人は誰でもやるべきことがあったとしても、乗り気なときと乗り気でないときがあります。乗り気でないときに、自らやる気を高めて頑張ってみようと思っても、なかなかやる気は高まらないものです。 そういうときはリーダーによる褒め言葉が効果を発揮します。褒められる前は、仕事に対してあまり乗り気でなかったとしても、褒められることでその仕事に対するモチベーションが高まります。
②行動の強化	人は誰も褒められたことを止めようとはしません。褒めることでそのことをさらにやっていこうという思いになり、行動の強化につながります。自分がやってきた仕事に対して褒められるということは、自分がやってきたことが間違いではなく正しいことであると認識し、さらにその行動を強化しようと自然に促すことができます。逆に自分がやってきた仕事がなかなか褒められないということは、そのやり方に問題があり修正したほうがよいと気づくことにもつながります。
③自信をつける	仕事に対して自信がなく不安だったとしても、仕事の結果をリーダーに褒められると、これまで自信がなかったことでも自信をつけることができ、今後自信を持って仕事に取り組めるようになります。 逆にその後、仕事で失敗したとしても、以前は上手くいって上司に褒められたのだと過去の成功体験を思い出し、自信を持って再チャレンジすることができます。
④人間関係が良くなる	人は誰でも褒められた人のことを悪くは思いません。褒められたらその人に対して好意を持ちます。これまで人間関係がぎくしゃくしていたとしても、褒めることによって人間関係が好転してよくなります。もし、皆さんに少し苦手な部下や、扱いにくい部下がいたとしたら、その部下のよいところを見つけ出して褒めてみましょう。 その部下は決して悪い気はしないものです。そして、その部下も皆さんに対して良い印象を持つでしょう。
⑤褒める連鎖が起こる	人は誰かに褒められると、嬉しくなって褒められた人を褒め返そうとしたり、他の人を褒めようと思います。 そして、新たに褒められた人は、また別の人を褒めようとします。このことが続くとチームの中に褒める連鎖が生まれ、褒めるという文化が生まれてきます。 こうなればチームが活性化して明るい雰囲気になります。チームリーダーはこの褒める連鎖を生み出すチーム作りをしたいものです。
⑥成長を促す	人は褒められることで、さらに難しい仕事や新しい仕事にチャレンジしたり、苦手であった仕事もやってみようと思います。 部下は自分の仕事の幅を広げることができるのです。また、長所をどんどん伸ばすことによって、短所も克服しようという意識も芽生えてきます。 このように褒めることで、部下の成長を促すことができます。

4　あなたはなぜ部下を褒めることができないのか

部下を褒めることができない10の理由

前節では部下を褒めることとは色々な効果があることを確認しました。ところが、部下を褒めることができない人が多いのです。なぜ、部下を褒めることができないのでしょうか。

本節ではその理由を10点にまとめ、褒めるためにどうすればよいのか心構えをお伝え致します。

まず1点目ですが、部下を褒めると「甘やかしている」と思ってしまうのです。ひと昔前までは、自分達は少々のことでは褒められることがなかったので、ちっぽけなことで褒めるとどうしても甘やかしていると思うのです。

しかし、そうではありません。褒めることは甘やかすことではなく、相手の成長を促すコミュニケーションです。

むしろ、甘やかしていると思ってしまうのは相手に甘いのではなく、褒め方を学ぼうとしない自分に甘いということを心得ましょう。

2点目は部下を褒めると「白々しい」と思ってしまうのです。いつも褒めないリーダーが急に褒めるのはどうも白々しくて気が引けてしまうものです。でも、よく考えてみましょう。

今さらこんなことで褒めても白々しいと思っているのは自分だけであり、他の誰もそんな思いをしていないこともあります。

白々しいと思うのであれば、白々しくない褒め方をマスターしましょう。

3点目は部下を褒めると「えこひいきをしている」と思われることです。ただし、えこひいきというのは、事実と理由が明確でないにも関わらず特定の部下を褒めることです。事実と理由が明確であえば決してえこひいきではなく、誰もが納得できます。

4点目は「下心がある」と思われることです。

下心があると思われるのは、褒めるではなくおだてているのです。

褒めるは自分に下心があるのではなく、相手の成長のためです。褒めるとおだてるの違いをきちんと理解すれば、そのような気持ちにはならないでしょう。

5点目は褒めることが「恥ずかしい」と思うのです。そもそも褒めることに慣れていないから恥ずかしい、照れくさいと思うのです。まずは第一歩を踏み出して褒めてみましょう。

そして褒めるを継続的に行うことで、少しずつ慣れていきます。教育という視点を持てば恥ずかしいとは思わないでしょう。

6点目は褒めているところを「見られたくない」という気持ちが先行するのです。褒めることは相手にとってプラスであることを認識し、教育の一環であることを理解しましょう。他の部下にも褒めているところを見せることで、こういうことをすれば褒められるのだと気づかせることができ、間接的に他の部下を教育していることになります。

7点目はつい「完璧を求めてしまう」のです。人は簡単に100点満点を取ることなどできないものです。100点を取ってから褒めようと思えば、結局褒めるタイミングがなくなってしまいます。100点に満たなくても、20点の良いところを褒め、50点でさらに褒め、80点でもっと褒めるというように、「加点主義」で褒めていきます。

8点目は「減点主義」です。私たちはどうしても人の悪いところが目についてしまうのです。そして一度悪いところが目についてしまうと、そればかりが気になってしまい、その他のよいところに目が向かなくなってしまうのです。

悪いところを見て減点するのではなく、よいところを見て加点していきましょう。

9点目はどうしても「控え目になる」のです。たとえ褒めようとしたとしても大げさだと思ってしまい、褒めているのかコメントをしているのかわからないこともあります。褒める場合は、多少大げさでも構いませんので、気持ちを込めて褒めましょう。

最後の10点目はそもそも「褒め方がわからない」のです。私たちは学校で褒め方など習いませんし、我流で褒めてきました。だから褒めるではなくおだてるになってしまうのです。本章では具体的な褒め方のステップもご紹介しますので、ぜひ参考にしてください。

よく褒め方の研修の最後に受講生の方から、「職場に戻って急に褒め出すと、いかにも研修を受けてきたみたいでやりづらいです」と言われます。私は逆に「研修を受けたことがきっかけなんだ」と説明したほうが、やりやすいと思います。研修はきっかけづくりの場です。

5　褒めるために部下の事実を把握する

褒める事実をいかに押さえるか

部下を褒めるためには、褒める事実をいかに押さえるかが重要になってきます。褒める事実を押さえるためには部下をよく観察しなければなりません。第3章で観察することの重要さをお伝えしましたが、本節では観察して押さえるべき事実について考えていきます。

まず褒めるべき事実には2通りのとらえ方があります。

1点目は部下の行動、発言、態度など目に見える事実です。これは上司が意識的に部下を観察することで色々な事実をつかむことができます。

2点目は上司がいない場での部下の行動、発言、態度や部下の業務プロセスなど目に見えない事実です。そもそも目に見えないものなど事実としてつかむことはできません。しかし、そんなことをいうと褒める事実はなかなかつかめなくなります。

リーダーがいない場での目に見えない事実はその気になれば、いくらでもつかむことができます。

第三者によって知る

私がある会社にいたときのことですが、普段から意識して部下のことを気にかける上司がいました。その上司から次のように褒められたことがありました。それは、私が外出してオフィスにいなかった際に、お得意先から私宛てに電話があったときのことです。たまたま私の上司が電話に出たのですが、その際に次のような会話をされたようです。

得意先：「○○会社の○○と申します。久保田さんはいらっしゃいますか」
部長：「久保田はただいま外出しております。折り返し電話させましょうか」
得意先：「はい、それでは帰って来られたら電話をいただくようお伝えください」
部長：「○○さん、久保田は何かご迷惑をお掛けしていることはございませんか」
得意先：「いえ、久保田さんはとても頑張ってますよ。先日も売れ筋商品が欠品しそうなときに事前に連絡をくれて、欠品したら１か月ほど入荷がないので、少し在庫を積むように言ってくれたのです。その際はある程度在庫を積みましたので、実際に欠品になったときに助かりました」
部長：「ああ、そうですか。そんなことがあったのですね。こちらこそ、色々とありがとうございます」

そして、私が外出先から帰ってきたら部長がこのように褒めてくださいました。

部長：「久保田君、○○会社の○○さんから電話があったけど、商品が欠品しそうなときは事前に連絡をしてきちんとフォローしているんだってね。○○さんが君のことを褒めていたよ。素晴らしい対応だね」

部長からこのように褒められたときは、本当に嬉しく思ったことを今でも覚えています。部長は見えないところで私がいかに得意先のフォローをしているかを事実としてつかんでくださったのです。

このように、たとえ自分では把握することができないことでも、第三者に聞くことによって知ることができます。得意先に限らず、リーダーがいないところで部下がいかに頑張っているかを他の職場のメンバーに聞いてみたり、他部署の人に聞くなどして褒めるべき事実を知るのはとても重要です。

普段から部下のことを気にかけるという心構えがなければできませんが、思い立ったように誰かに尋ねても何か探っているのではないかと、逆に怪しまれるかもしれませんので、普段から色々な人とコミュニケーションをしておくことが大切です。

このように、部下のことを褒めるためには、自分が見えることだけではなく、自分の見えないところでいかに部下が頑張っているかという事実も把握する努力をしましょう。

6　部下を褒める5つのステップ

部下を褒める5つのステップ

部下を褒めるためには、褒める事実をいかに押さえるかが重要だとお伝えしましたが、では実際にどのように褒めればよいのでしょうか。

私が推奨するとっておきの方法を紹介します。それは5つのステップで部下を褒めるのです。5

つもステップがあると面倒なようにも思えますが、極めて理にかなった方法ですので、是非参考にしてください。

５つのステップとは、「褒める事実を伝える」、「褒め言葉を伝える」、「理由を説明する」、「リーダーの気持ちを伝える」、「期待を伝える」の５つです。では、具体的にそのステップを説明します。

第1ステップ：「褒める事実を伝える」

これは前節でも説明したように、部下のことを観察して把握した事実をそのまま部下に伝えることです。

第2ステップ：「褒め言葉を伝える」

褒め言葉は色々とありますが、よく出てくるのが「すごい」、「さすが」、「素晴らしい」です。皆さんは褒め言葉としてどのようなレパートリーをお持ちでしょうか。色々な場で聞いてみるのですが、意外と多くは出てこないものです。例えば、これらの他に「いいね」、「やるね」、「お見事だね」などがよく出てきます。リーダーとして自分の褒め言葉のレパートリーをできるだけ多く持って、ワンパターンにならないようにしましょう。

第3ステップ：「理由を説明する」

前節でもすでに説明しましたが、なぜそれが褒めるに値するかの理由を説明します。

例えば、次のような説明ができるでしょう。「他の誰もがやろうとしなかったにも関わらず、君が自ら率先して取り組んだから」、「頑張ってくれた結果、他のメンバーにも影響を与えて全員やる気になったから」、「全体の販売計画の落ち込み分までカバーしてくれたから」、「成果を出してくれたおかげで、私まで社長に褒められたから」などです。理由を明確にすれば、なぜ褒められたのかを理解することができ、納得感が高まります。

第4ステップ：「リーダーの気持ちを伝える」

「私はとても嬉しい」、「私は大変感動した」などの気持を伝えます。恥ずかしくて言いにくいかもしれませんが、外国人は照れもなく自分の気持ちを素直に伝えます。

私はユー・エス・ジェイで働いていたときに上司のエルダーさんから、〝I am proud of you.〟と言われたことがあります。日本語に訳すと「私は君のことを誇りに思う」です。

さすがに日本語では言いにくいですが、英語だとさらっと言えます。私たちも自分の気持ちを率直に伝えることで、部下も本当に褒めてもらっているんだという気持ちになるはずです。

第5ステップ：「期待を伝える」

第6章の期待の言葉をかけるというところで説明しましたが、部下は期待をかけられたらそれに報いようとしますので、最後は期待の言葉をかけて締めくくるべきです。

第4ステップまでで終わってしまうと、その場は気分良くなりますが、時間が経つとその気分の良さも低下してしまい、次の仕事に活かすことができなくなります。最後は期待の言葉を伝えて締めくくり次に活かしましょう。

では、この5つのステップを使った褒め方を、簡単に理解できるよう算数が苦手だった子どもさんの例えで説明します。これまで算数が苦手で、ずっと30点から40点前後の点数しか取れなかった子どもが、６年生になって一念発起して頑張った結果60点を取ったときの例です。

第１ステップ「今回のテストで60点取ったんだね」（褒める事実を伝える）

第２ステップ「すごいな！」（褒め言葉を伝える）

第３ステップ「これまで30点から40点しか取れなかったのに、６年になっていきなり60点取れるなんて、気持ちを入れ替えて頑張ってきた証拠だね」（理由を説明する）

第４ステップ「お父さんは感動したよ」（気持ちを伝える）

第５ステップ「では、次回のテストでは80点取ることをお父さんは期待しているよ」（期待を伝える）

いかがでしょうか。こうやって見るととても簡単だと思います。ここで重要なのは、第５ステップで期待を伝えることです。そうすることで次のステップに向けた育成につながるということです。ぜひ皆さんも５つのステップを使ってみてください。

7　褒めると叱るは車の両輪

褒めると叱るの役割

本章では部下を褒めることの大切さや心構え、そして褒め方について説明してきました。次章で

〔図表12　褒めると叱るの役割〕

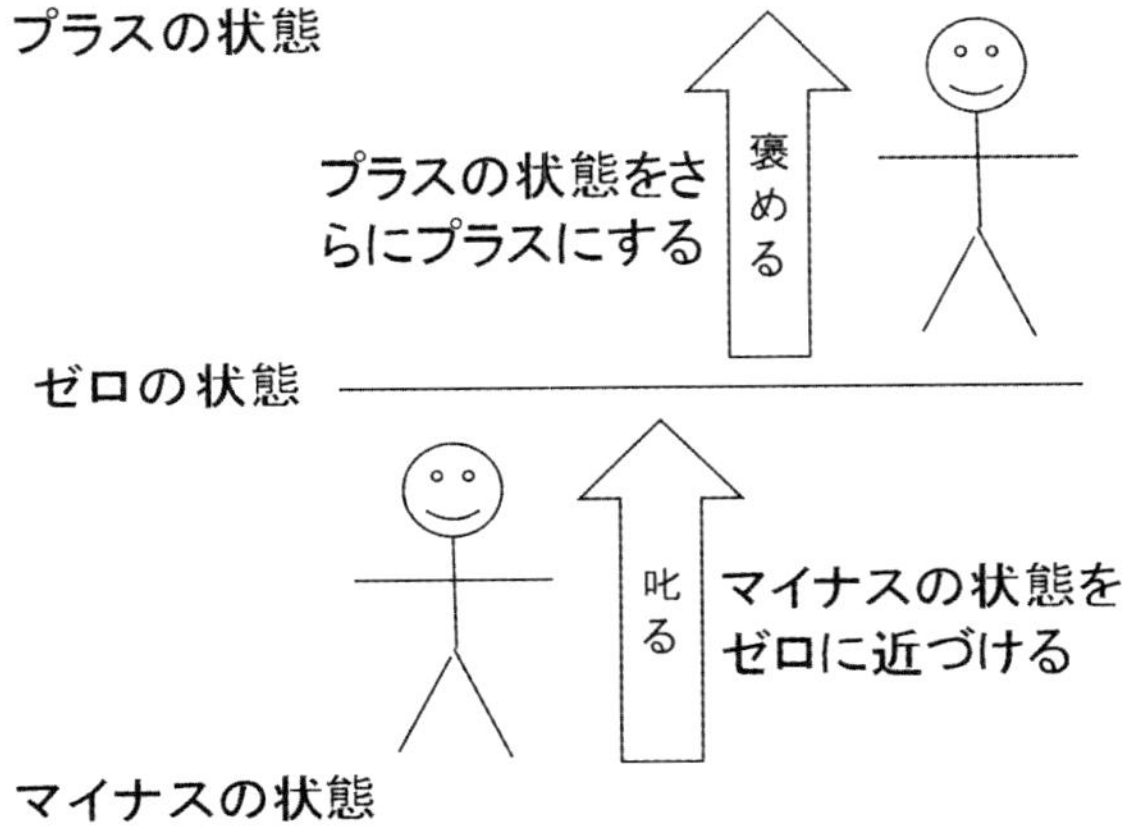

は叱り方について見ていきますが、この褒めると叱るはどちらかが大切なのでしょうか。

「皆さんは、褒めると叱るのどちらを意識的にしていますでしょうか」

私はセミナーや研修でいつも受講生にこの質問を聞いてみるのですが、多くの人が褒めるほうを意識的にしていると答えます。中には叱るを意識的にされる人もおられます。

では、実際にはどちらが大切なのでしょうか。

答えは両方なのです。人によって褒めるほうがやりやすいということもあれば、叱るほうがやりやすいということもあると思います。それぞれ自分の性格にもよると思います。

しかし、やりやすいとか、やりにくいではなく両方をやらないと部下育成にはならないのです。

図表12をご覧ください。図表12では褒めると叱るの役割を示しています。

褒めると叱るを使い分ける

部下が仕事で失敗をしたときやうまくいかないときはマイナスの状態です。このマイナスの状態にいる部下をゼロに近づけてやろうというコミュニケーションが叱るです。

それに対し、仕事で成果を出しプラスにいる状態の部下をさらにプラスに高めようというのが褒めるというコミュニケーションです。

では、皆さん自身のことで考えてみてください。いつもマイナスの状態でプラスになったことがないという人はいますでしょうか。

逆にいつもプラスの状態にいる人はいますでしょうか。そのような人は決していません。人は必ず、プラスとマイナスを行き来するわけです。

そう考えると、褒めることだけして叱るをしない人は部下育成のコミュニケーションの上半分しかできていないことになります。

逆に褒めることをせず叱ることばかりしている人は部下育成のコミュニケーションが下半分しかできていないことになります。

つまり相手の状態に応じて褒めると叱るを使い分けたいといけません。そうすることで部下を育成することができるのです。

ただし、マイナスの状態にいる部下を一気に高いプラスの状態にもっていくのは無理があります。まずは叱ることでマイナスからゼロにし、そして褒めることでゼロからプラスにしましょう。

褒めると叱るのバランス

では、褒めると叱るのバランスはどのようにすればよいでしょうか。それはリーダーの状況によって決めるのではなく、部下の状況によって決まるのです。

たとえリーダーが「よし、今日は部下のことを褒めてやるぞ」と意気込んでも、部下に褒めるに値する事実がなければ褒めることはできませんし、リーダーが「今日は部下を叱って気合を入れてやろう」と思っても部下に叱るべき事実がなければ叱ることもできません。

つまり褒めると叱るは部下の状況に応じて、どちらを行うかが決まってきます。

ただし、叱るばかりになってしまうと部下も嫌になりますので、褒めるバランスが多いほうが部下の精神衛生的にもよいでしょう。二宮尊徳さんは「可愛くば五つ教えて三つ褒め二つ叱って良き人とせよ」と言っています。

つまり、褒めるも叱るも両方必要なのですが、褒めるバランスが多いほうが望ましいのです。皆さんも褒めるを多めにすることを意識しながら、褒めると叱るの両方できるようにしましょう。

ただし、褒めるほうを多くするのはそう簡単ではありません。

もしかすると叱ることばかりで、褒めるネタがないかもしれませんが、何か少しでも良いことはないでしょうか。それを探すのもリーダーの役目です。悪いことしか目に付かないのは、いったん悪いことが目に付いてしまうと良いことを見過ごしているかもしれませんし、そもそも見ようとしていないかもしれません。

第10章

部下を叱って育成する

1　叱るとはどういうことか

叱ると怒る

前章では部下を褒めることと叱ることはどちらも大切であり、両方できるようにしなければならないとお伝えしました。本章では叱るについて考えていきます。

叱ることは部下育成にとって、とても大切なコミュニケーションの1つであります。ところが、叱ることが苦手な人も多いのが事実です。特に最近ではパワハラが怖くて叱れないリスク回避型上司が多いのです。

しかし、部下を叱らないのは前章でお伝えした部下育成のコミュニケーションの半分を放棄していることになりますので、お互いにとってもよくありません。叱ることの意味を理解し、正しく行えば決してパワハラにはなりません。

本節では、叱るについてその意味を確認します。特に「叱る」と「怒る」の違いがわからず、一緒になっている人が多いようですので、その違いを明確にしていきましょう。

怒るとは

まず怒るについて考えてみましょう。皆さんも当然これまで怒ったことはあると思います。人生の中で怒ったことがない人などいないでしょう。皆さんはどんなときに怒ったでしょうか。

例えば、部下が寝坊して遅刻してきたとき、喫茶店で店員がアイスコーヒーを大切な洋服にこぼしてしまったとき、電車の中で隣にいた若い学生に足を踏まれたときなど色々なケースがあると思います。

では、これらの場合に皆さんはどうするでしょうか。例えば電車の中で隣にいた若い学生に足を踏まれたときのことを考えてみましょう。あなたは足を踏まれたにも関わらず、相手は謝ってもきません。

この場合、あなたの対応は2つに分かれるでしょう。1つ目はぐっとこらえて我慢をすること、2つ目は足を踏まれたことによるあなたの腹立たしい気持ちを相手にぶつけることです。怒るというのは、後者のほうです。

つまり、怒るとは「私は腹を立てている」「私は気分を害している」「私は怒っている」ことを相手に知らしめる行為です。その行為にはうっぷんを晴らしたい、相手を懲らしめたいなどの理由が心の中に存在します。

これらのような自分の目的が果たせれば怒るという行為は終わります。そこには相手の気持ちに対する配慮はありません。

つまり、相手に何も言わなければ、「怒っている」という心の中の状態でありますが、相手に言うことによって、それは「怒る」行為に変わります。

怒るというのは、「心の中にある相手に対する怒りの感情を相手に伝える」行為なのです。

叱るのキーワード

それに対して叱るですが、怒るとは全く意味合いが違います。叱るとは、相手をより良くしようとする注意やアドバイスを、相手に応じた言い方をして伝える行為のことです。そこには相手が同じ間違いを繰り返さないように指導するという理由があります。

例えば、先ほどの電車の中で隣の若い学生に足を踏まれた場合、「悪気がないのはわかるのですが、ひと言お詫びをしたほうがよいのではないですか」と相手に応じた言い方をするのです。

このように考えると叱るのキーワードは「相手のため」、「注意」、「アドバイス」、「指導」の4つだといえます。

このキーワードを使って叱るを改めて定義をすると、「相手のためを思って注意、アドバイスや指導をすること」だといえます。部下を育成するために、リーダーは叱るをしなければなりません。

叱るのキーワードの1つは「相手のため」です。つまり部下の成長を願うリーダーであれば、部下を叱らないといけません。

これらのキーワードを押さえると、怒るのではなく叱ることとならできます。次節では具体的に怒ると叱るの違いを説明します。

2　叱ると怒るの違い

叱ると怒るの違い10の視点

前節では叱ると怒るの定義をお伝えしました。本節ではさらに具体的に叱ると怒るの違いについて見ていきましょう。ここでは叱ると怒るを比較しながら10個の視点でその違いについて説明します。

まず1点目です。叱るは理性的ですが、怒るは感情的です。

つまり、叱るの場合は理性的に部下に接するのですが、怒るは感情的に部下に接します。感情的になると様々な形で表面に出てきます。

まずは表情です。感情的になってしまうと明らかに顔が怖くなります。誰もそんな怖い顔をした人と話したくはありません。怖い顔を見せつけられるとそれだけで威圧感があり、恐怖に襲われてしまいます。

次に声です。感情的になった人の声は高ぶっており、怖いものです。そして言葉です。言葉は部下を恐怖のどん底に陥れることができる恐ろしいものです。よく言葉による暴力と言いますが、まさしく言葉は心に傷を与える暴力になります。

最後に行動です。感情的になって手を出してしまうと、それは暴力となります。

2点目ですが、先ほど言葉の暴力というお話をしましたが、叱るは部下に適した言葉を使いますので、部下は傷つきませんが、怒るは部下に適さない自分なりの言葉を使いますので、部下が傷ついてしまいます。

3点目は、叱るは部下の話を聞く余裕がありますが、怒るは部下の話を聞く余裕などありません。部下が何か問題を起こしたとしても、部下なりに何か言い分があります。

叱るはそれをきちんと聞こうとしますが、怒るは部下の言い分に耳を貸そうともしません。

4点目はタイミングです。叱るは、いま言うべきかどうかタイミングを考えますが、怒るはタイミングを考えずに、その場で言ってしまいます。

5点目は場所の問題です。叱るは場所を選びます。

例えば会議室や応接室に移動するなど適切な場所を選びますが、怒るは場所を考えずにその場で怒ってしまいます。

6点目は人前で言うか言わないかです。叱るは、部下に気を使って人前では言いませんが、怒るは人前でも平気で怒ります。

人前で怒ると周りのメンバーは仕事をしている振りをして聞き耳を立てて聞いているのです。

また部下からすると人前で怒られると恥ずかしい思いをしたり屈辱を感じることもあります。

7点目は叱るは後で後悔しませんが、怒るは怒った後で「ちょっときつく言いすぎたかな」、「傷ついていないかな」と後悔します。

ただし、後で後悔しても取り返しがつかない状態になっています。

8点目は叱るはしこりが残りませんが、怒るはしこりが残ります。

例えば、部下を叱ったときはその直後でも普通に部下と話をすることができますが、怒ったときはしばらくの間気まずくなり、両者の間にしこりを残してしまいます。

９点目は少しキザな言い方になりますが、叱るは愛情がありますが、怒るは愛情がありません。叱るは部下を思って言うわけですから、そこに愛情があります。ところが怒るは、部下のことなど考えず自分の気持ちをぶつけますので、そこには部下に対する愛情はありません。

最後の10点目ですが、叱るは戦略的ですが、怒るは短絡的です。戦略的というと大げさな表現になりますが、要するにやり方をきちんと考えるという意味で、短絡的とはやり方を考えないという意味です。やり方を考えないので、部下を傷つけてしまうのです。

以上のように叱ると怒るを比較してみると明らかに違いがあり、真逆のことだというのがお分かり頂けたと思います。

3　なぜ部下を叱れないのか

部下を叱れない10の理由

叱ると怒るの違いが明確であれば、部下を叱ることはできると思うのですが、なぜ部下を叱れない人が多いのでしょうか。

本節ではその理由を10個の視点でまとめます。

まず1番多い理由がパワハラが怖いからです。いわゆるパワハラ恐怖症です。ただし、すでに叱ると怒るの違いでも見てきた通り、叱ることは部下に対する教育ですので、パワハラではありません。

理性を失ったときにパワハラのリスクが最も高まることに気を付けましょう。

2点目の理由として、部下に嫌われたくないと思うのです。でもよく考えてみましょう。叱ることは部下の成長を思って部下のために言うのであり、そのことで部下はあなたのことを嫌いになるでしょうか。

叱られたときは耳に痛い話かもしれませんが、後あと「あの人が言ってくれたから、自分は気づくことができた」と思うでしょう。

嫌われると思うのは、そもそも部下にとって良いことをしていると思っていないからです。叱ることは部下にとって教育であり、良いことであると認識しましょう。

3点目に叱ると部下と気まずい関係になるので、それを避けたいと思うのです。

気まずくならないためには、後あとまで尾を引くような言い方や態度ではなく、その場で完結するような言い方を心がければよいのです。

要するに「あっさりと言う」のです。

4点目に叱ることで部下はモチベーションを下げるかもしれないと思う人もいます。

部下のモチベーションを下げるような叱り方ではなく、部下を成長させる叱り方を身につければ良いのです。

5点目に部下に辞められたくないと思うからです。叱ることで部下が辞めてしまうのは、部下に成長して欲しいという気持ちや愛情が部下に伝わっていないからです。

部下に成長して欲しいという期待を伝えなければいけません。

6点目にリーダーによっては叱るのは余計なお節介だと思う人もいます。ただしすでにお伝えしたように、叱るは褒めると並んで部下育成に必要なコミュニケーションですので、余計なお節介だと思って叱らないのは育成放棄に等しいといえます。

叱ることは余計なお節介ではなく、必要な部下育成のためのコミュニケーションなのです。

7点目に部下を叱ることで、他のメンバーに悪影響を与えてしまうのではないかと心配する人もいます。

叱ることは部下育成のコミュニケーションですので、他のメンバーも自分達も気をつけなければいけないと気を引き締める効果があります。

ただし他のメンバーにも知らしめようと、あえてきつく言ってしまうと悪影響になりますので、言い方には気をつけましょう。

8点目に部下を叱っている様子を他の部下に見られたくないと思う人もいます。

叱ることは部下にとってプラスであることを認識すれば、他の誰に見られてもそれは教育として良い影響になると心得ましょう。

9点目にリーダーが自分自身もできていないから叱れないということもあります。ただし、今の時代はリーダーよりも部下のほうが能力・スキルが上ということも多々あります。

自分ができていないからとか、自分のほうが劣っているからといって部下を叱らないのは、部下の育成にならないだけでなく職場の規律を乱すことにもなります。常に教育的な視点を持って接しましょう。

最後の10点目ですが、そもそも叱り方がわからないので叱れないのです。部下を叱るには心構えとやり方がありますので、それらを理解すれば叱ることに対する抵抗感はなくなります。本書はそのためにありますので、よく読んで理解を深めてください。

4　部下を叱る5つのステップ

部下育成につながるステップ

部下を叱ることができない理由には色々なものがありましたが、そもそも叱り方がわからないので叱れないということもありました。

それも当然のことで、私たちは学校で人の叱り方など習わないものです。習わないからといって、自分勝手なやり方をすればよいというわけではありません。

ここでは部下の育成につながる叱り方のステップを紹介します。

〔図表13　部下育成につながるステップ〕

第1ステップ	心のバリアを下げる
第2ステップ	事実を指摘する
第3ステップ	質問する
第4ステップ	助言する
第5ステップ	期待を伝える

５つのステップを順番に見ていきましょう。

第1ステップ：「心のバリアを下げる」

部下は何か失敗をしたとき、業績が上がらないときはとても不安に感じているものです。そんなときにリーダーから呼ばれるとドキッとしてびくびくしながらリーダーの元にやって来ます。このときは警戒心があってかなり構えた姿勢になっていますので、リーダーの話をきちんと聞ける状態ではありません。

部下を呼んだら、まずは世間話をしたり、ちょっとしたことで部下を褒めたり等、部下の心のバリアを下げましょう。

第2ステップ：「事実を指摘する」

ここでは部下の失敗や業績が上がっていないという事実を指摘します。

ここで重要なことはあくまでも事実のみを部下から切り離し、その事実を指摘するということです。その切り離した事実を部下と一緒になって客観的に見るのです。

ここで決してやってはいけないのは、部下の人間性を否定することです。「お前は何をやってもダメな奴だ」「お前は給料泥棒だ」と言うのは、その人自身を否定していることになりますので気をつけましょう。

第3ステップ：「質問する」

事実が起こった背景や事情などを尋ねます。

ここでは、Why not（なぜプラス否定語）で詰問してはいけません。「なぜ、○○ができないんだ」ばかりを問い詰められると、部下を追い込んでしまいます。

また、極度な一般化にも気を付けましょう。「なぜ君はいつも○○できないんだ」のいつもはリーダーの感情的な思い込みで言っていることが多く、極端に一般化し過ぎているといえますので気を付けましょう。

第4ステップ：「助言する」

リーダーの経験を踏まえて自分の立場からアドバイスをします。

このときに注意することは部下に選択させることです。リーダーの考えを押し付けてはいけません。また、リーダーからのアドバイスは複数しましょう。アドバイスが1つだと選択肢がなく、それをやれと言わんばかりです。部下に考えさせて部下に選ばせるようにリーダーとして様々なヒントを提供することが望ましいです。

第5ステップ：「期待を伝える」

最後は期待を伝えて終わります。本書ではこれまでも期待について触れてきましたので、なぜ最後に期待で終えたほうがよいのかはおわかりでしょう。最後は君にはどうなって欲しいというリーダーの期待を伝えて育成に結び付けましょう。

叱るステップ例

このステップをある部下が経営会議の資料作成で誤字をしてしまった例で考えます。

第1ステップ：「○○君、ちょっといいかな。それにしても、この前のプレゼンは良かったな。みんなびっくりしていたよ」（心のバリアを下げる）

第2ステップ：「ところで先日の経営会議の資料だけどさ、本文中の上から5行目の『再建』という字が『債権』になっていたんだ」（事実を指摘する）

第3ステップ：「資料作成中に何かあったのかな」（質問する・ここで部下との対話に時間を取ります。）部下：「申し訳ありません。資料作成中に得意先からクレームの電話があり、対応していると20分ほど経ちましたので、その後作業に戻ったときに変換ミスを見落としたのだと思います」

第4ステップ：「そうか、そんなことがあったのか。でも、こういう重要な資料を作成するときは、別室でやるとか、後で電話をするとか、事情を話して誰かに対応してもらうとか、資料をダブルチェックするなど考えたほうがよいと思うよ」（助言する）

第5ステップ：「まあ、こんなことはもうないと思うし、今度のプロジェクトは君にかかっているから、そのときの資料は立派なものを期待しているよ」（期待を伝える）

いかがでしょうか。このような叱り方だと部下は落ち込むどころか、やる気が出ると思います。

ぜひこのステップを活用してみてください。

5 叱るとパワハラの違い

パワハラ恐怖症

部下を叱れない理由には色々なものがありましたが、もっとも大きな理由の1つはパワハラ恐怖症でした。部下を叱るとパワハラと言われるのではないかと思ってしまい、部下のことを叱れないリーダーが多いのです。

「叱る」と「怒る」の違いはすでに説明しましたが、本節ではさらに「叱る」と「パワハラ」の違いを10個の視点で比較しながら見ていきます。

図表14で、「叱る」と「パワハラ」の違いを10項目にまとめましたのでチェックしてみましょう。

叱るは相手のことを思う親心のようなものを感じますが、パワハラは親心というものは全く感じられず、自分の気持ちを晴らしたいという身勝手な思いが存在します。これらの点を注意すれば決してパワハラにはならないと思います。

このように「叱る」と「パワハラ」の違いを整理することはできますが、実際はどちらともいえない、グレーな状況も多々あります。

「叱る」か「パワハラ」か自分では判断できないときは、職場のメンバーや総務部や人事部、場

〔図表14　叱るとパワハラの違い〕

①	叱るはリーダーが部下のことを尊重し相手の成長を促そうと努力しますが、パワハラの場合、リーダーは部下のことを尊重しておらず、部下を育成し成長を促そうということはありません。
②	叱るは部下の目標達成の支援をし、部下の思いを叶えたいという気持ちがリーダーの中にありますが、パワハラは部下の目標達成や思いを叶えるというのではなく、リーダーが自分の目的を達成したい、自分の思い通りにしたいという気持ちがあります。
③	叱るは部下の業務の改善が目的であり、業務上必要であるのに対し、パワハラは業務の改善が目的であるかが不明で、業務上必要ではないことに対しても不適切な発言をしたり、不適切な行動を行います。
④	叱るは部下に対して肯定的・受容的な態度や姿勢で接しますが、パワハラは部下に対して否定的・批判的・威圧的・攻撃的な態度や姿勢で接します。
⑤	叱るは部下の失敗・未熟さ・欠点を気づかせて自覚させようとしますが、パワハラは部下が気付いていないこと、自覚していないことを取り上げてリーダーが一方的に相手を非難します。
⑥	叱るはリーダーが部下を叱った後で、その本人に対してフォローすることにより、叱る前の状況よりも引き上げるための努力をします。パワハラの場合、部下に対するフォローを行いません。このため部下に改善が見られない場合、同じ叱責を無意味に何回も繰り返してしまいます。
⑦	叱るはリーダーが部下を叱る必要性が明確であり、なぜリーダーは部下を叱らなければならないのか､その必要性を部下に理解させます。それに対し、パワハラは部下に対して叱らなければならない必要性を十分に理解させないまま、部下のことを叱責します。
⑧	叱るは第三者が見た時に、その部下がなぜ叱られているのかがわかりますが、パワハラは第三者が見た時に叱責の理由がわからず、「なぜあの人は叱られているんだろう」と疑問に感じてしまいます。
⑨	叱るは部下のことを人前で叱責することは極力避けますが、パワハラは必要もないのに人前で叱責しますので、その部下が辱められた、プライドを傷つけられたという思いになります。
⑩	叱るはその部下の性格や状況に応じて相当な手段を用いますが、パワハラは部下に対し不相当な手段を用います。

合によっては専門家に相談し、リスクを回避するように注意しましょう。

6 職場リーダーが注意すべきこと

リーダーは絶対ではない

部下を叱るときにリーダーが注意すべきことはすでに様々な視点で説明してきました。本節ではリーダーが注意すべき心構えを見ていきます。

最初に心得ておきたいことは、リーダーは絶対ではないということです。リーダーも人間ですので、正しいこともあれば間違っていることもあります。場合によっては部下が正しいこともあります。

仕事に慣れてしまうと自分では気づかないこと、おかしいと思わなくなってしまうことが多々あります。

人生経験や仕事経験では当然のことながらリーダーのほうが上ですが、だからといってすべて正しいかというとそんなことはありません。

不要なプライドを捨てる

そして、不要なプライドを捨てる必要があります。リーダーは自分が間違っていても、それを認めようとはしたくないものです。自分が間違っていると部下に認めるのはプライドが許さないのです。

そのため、自分の間違いを正当化しようとして勝手な理屈を並べて相手に説得を試みようとするのです。

でも、よく考えてみましょう。そんなことに時間と労力を割くのは意味があるでしょうか。

それよりも自分が間違っていたなら、素直にそれを認めたほうが、部下から見ればこのリーダーは理解力がある人だと思われますし、何よりもリーダー自身が無駄なことに労力を割く必要がなくなります。そして結果としてリーダーと部下の関係が良好になります。

叱る前に事情・背景を理解する

部下に対して叱るべき問題が発生した場合、その問題が発生するに至った部下の事情や背景も理解するように努めましょう。

私たちはどうしても、目に見える表面的なことだけで物事を判断してしまうのですが、もしかするとそれに至るまでにはやむを得ない理由があるかもしれません。

部下にとって辛い内容であればあるほど、その努力はしたほうがよいでしょう。

部下にも家族や生活があると心得る

部下にも家族や生活があるのだと心得ます。たとえ明らかに能力的に劣った部下であったとしても、部下にはこれまでその部下を育ててくれた親がいますし、結婚していれば養うべき家族がいます。もし、その部下に子どもがいれば、家庭では立派なお父さんであり、お母さんであります。そんなお父さんでありお母さんである部下が、会社であなたにきつく叱責されている姿を彼らの子どもが見たらどう思うでしょう。仕事のできが悪い部下であったとしても、仕事は人生における半分の面でしかありません。もう半分は仕事以外の生活があるのです。私生活では、家族や友人と食事をしたり、子どもと遊んだり、買い物に行ったり、趣味に没頭したり等の普通の生活をしているのです。会社におけるリーダーの発言や行為が原因となって、部下の生活を壊すこともあると心得ましょう。

部下に期待をぶつける

部下に対してはリーダーの不平や不満をぶつけるのではなく、期待をぶつけましょう。不平・不満は人にぶつけるものではなく、自分の中で解決するため努力をすべきです。期待は自分の中にしまっておくものではなく、相手にぶつけるものです。

すべての責任はリーダーにある

すべての責任はリーダーにあると心得ましょう。部下を叱らなければいけないのは、そのリーダーによる関わり方、育成方針、育成方法、コミュニケーションの取り方に問題があると心得ます。

7　感情的にならないために

アンガーマネジメント

本章では部下の叱り方について説明してきました。特に叱れないリーダーが多い理由はパワハラ恐怖症が大きな原因でもありました。パワハラになってしまうのはリーダーが感情的になってしまうことが大きな理由の1つであります。

人間は感情の生き物ですので、感情的になるなということには無理がありますが、対人関係においては感情的にならず理性的でありたいものです。

最近では怒りの感情をコントロールするアンガーマネジメントという考えが注目され、研修に取り入れる企業も多くなってきています。

感情的にならないといっても、頭に一気に血が上ると押さえられないものです。頭に血が上ったときは冷静な判断ができなくなります。

この頭に血が上るというのは図表15のように4つのプロセスがあります。

対処の仕方

図表15の4つのプロセスがわずか一瞬の間に起こってしまいますので、どこかで対処する必要が

〔図表15　頭に血が上るときの4つのプロセス〕

①	頭に血が上るきっかけに遭遇します。部下の行動、発言を見たり、聞いたり、知ったりするのです。これらのきっかけだけでは頭に血は上りません。
②	見たり、聞いたり、知ったりしたことを正しいか悪いかという判断を行います。
③	判断をした結果、悪いと思ったら熱くなって頭に血が上ってしまいます。これが怒っている状態です。
④	頭に血が上ったら、それを出して相手にぶつけてしまいます。これが怒るという行為です。

あります。

まず1のきっかけの遭遇ですが、リーダーは部下を観察しなければいけませんので、部下の行動、発言、思考を見たり、聞いたり、知ったりすることは避けることができません。

2の判断ですが、見たり、聞いたり、知ったりしたことに対して、無意識のうちに正しいか悪いかの判断をしてしまうのです。

これは人によって価値基準がまちまちですので、自分の価値基準で間違った判断をしないことが重要ですが、自分の価値基準をわきに置いてものごとの判断を一瞬でするのはかなり難しいことです。

本当はここを変えるべきだと思うのですが、自分の価値基準を変えるのは今日明日のうちにできるものではありませんので、ここでは置いておきます。

3の悪いと判断した結果、熱くなって頭に血が上ってしまうことについてはいかがでしょうか。この段階では何か対処ができそうです。熱くなって頭に血が上らないようにする工夫は色々あります。例えば、深呼吸をする、一瞬目をつぶる、心の中で10数えるなどであれば、その場ですぐにできます。このように一瞬「間」を開けるだけでも頭に上りかけた血を抑えることができます。

4の頭に血が上ってからそれを相手に出すときの出し方です。頭に血が上っている状態では顔つきはいかにも怒った表情になってしまいますし、声が高ぶったり、大きくなったり、震え声になってしまいます。

また、発言の内容も相手を傷つける言葉を使ってしまいます。頭に血が上った状態では、すでに冷静さを失っていますので、この段階で自分を抑制するのはとても難しいです。

この段階に至っては部下に対して何も行動を起こさないのが一番です。

そのために別の行動を挟みます。例えば、席を外してトイレに行く、外の空気を吸いに出る、スマートフォンに保存している家族の写真を見るなどです。そうすることによって、頭に上っている血は少し下がるでしょう。

図表15の4つのプロセスは一瞬で起こりますので、そのときになってからこれらの対応を試みるのは非常に難しいため、普段からその心構えをする必要があります。

本章では叱るを取り上げましたが、実際にはグレーなことも多々あります。パワハラであったとしても部下がそう思わなければパワハラでないこともあります。まずは部下と確固たる信頼関係を築いていきましょう。そのためのヒントを本書では多く提供させていただきました。

あとがき

本書を手に取っていただきありがとうございました。

何か少しでも学びになるところはありましたでしょうか。

私は「人は死ぬまで学び続けることができる」と考えております。これは他界した父の教えでもあります。

人は学ぶことを止めてしまうと成長は止まってしまうと思います。

最近では昔と違って、社会人でも学ぶ機会は大変多くなりました。様々なビジネス書やセミナーなど自分に関心のあるテーマについて学ぼうと思えば、いくらでもチャンスはあります。

また、社会人大学院も数多くあります。

私も社会人大学院で学び、修士号と博士号を取得しました。最近ではインターネットやスマートフォンのアプリを使った学習もかなり充実しています。しかも、これらの学習は低価格で受けることが可能です。

ところが、多くの人は社会人になると学ぶことを止めてしまうか、学びの時間を多く取らなくなってしまいます。

なぜ、社会人になってから学習しなくなるのでしょうか。

そもそも勉強が嫌いな人もいれば、仕事が忙しくて勉強どころではないという人もいるでしょう。

私は、これは単なる言い訳に過ぎないと思っています。

日本企業を代表するトップ経営者は分単位の過密スケジュールをこなしていますが、優秀な経営者であればあるほど勉強をされており、常に自分を磨いていらっしゃいます。

ほんの少し意識を変えるだけで、学ぶ環境や方法はすぐに見つかります。それを見つけるのは私達自身なのです。

本文でもお話しましたが、私がユー・エス・ジェイで働いていたときの上司であるエルダーさんに常に言われていた言葉があります。

それは「できない理由を探すより、できる方法を考えろ」です。

仕事に行き詰ってプロジェクトの進行が遅れると、いつも言い訳ばかり言う私に対してエルダーさんから何度も何度もこの言葉を聞かされました。

私はできないことに対する理由を探すのに多くの時間を割いてしまい、肝心なできる方法を考えることに時間を取っていなかったのです。

２０２１年に他界されたエルダーさんからのこの言葉は今でも心の中に残っています。

この言葉は仕事だけでなくすべてにおいて当てはまります。

社会人になってからの学習についても、私達は「忙しいから時間が割けない」「お金がかかるからそんな余裕はない」「この年になって今さら勉強などできない」「会社が提供する研修はマンネリで意味がない」など、できない理由であれば見事に多くの理由を見つけ出すのです。そんな時間があるのなら、できる方法を探せば良いのではないでしょうか。

私自身は自分の成長のために、その時々の環境に応じてかなりの自己投資を行ってきました。それらの自己投資はすべて私のキャリア形成にプラスになって返ってきたと思います。今でも投資は続いており、恐らく死ぬまで終わりはないでしょう。

私は主に企業に対して教育体系構築のコンサルティングや、研修の実施という立場からではありますが、1人でも多くの方に学んで頂く場を提供し、さらに継続的に学んでいただくきっかけを提供したいと考えています。

今社会で問題になっているのは「二極化」です。

二極化といえば「経済の二極化」がまずあげられます。富む者はますます豊かになり、富まない者はますます苦しくなります。これは企業にも家庭にも当てはまります。

また「学力の二極化」もあります。学習する環境が十分与えられ、学力が向上する者と、十分な学習環境が与えられず学びたくても学べずに学力が向上しない者がいます。日本は他国と比べ、十分な学習環境が与えられているにも関わらず、それを活かしきれていないという問題に直面していると思います。

私の専門とする企業における社会人教育でも3つの観点で二極化は進んでいます。

まず1点目は教育に力を入れる会社と全く教育しない会社が存在するということです。

教育に力を入れる会社に入社すれば、年次や職種に応じて様々な研修の場が与えられています。その一方で、経営者の考えや予算の都合で一切教育をしない会社もあります。

この両者の差は数年後に必ず表れてきます。

私自身、新入社員の導入研修以降は研修を全く実施しない会社に入社しましたので、他の会社に入った同期との差が毎年開いていくのを実感し、その後転職して他の人と知識やスキルで歴然と差があることに衝撃を受けました。

社会人教育における二極化の2点目は、教育研修に力を入れる会社であったとしても、「選抜研修」という形で二極化が進んでいるということです。

会社に入社すると最初は会社が実施する新入社員研修があります。これは全社員に対して共通に与えられます。その後数年は年次に応じて教育機会が与えられるでしょう。

ところが、今や全社員を対象に同じような教育機会を与え続けることができるほど企業側も余裕がありません。将来を嘱望されるメンバーが選抜され、それらの選抜メンバーだけに教育機会が与えられる時代に突入してきました。

社会人教育における3点目の二極化は、「意識の二極化」です。

ビジネスパーソンである以上、会社から提供される教育については提供する側も提供される側も真剣でなければいけません。

しかし研修を通じて多くの人事担当者や受講生を見ていると、真剣に取り組む方がいる一方で、残念ながら中には真剣さが足りない人や、教育研修を提供されることのありがたさを感じていない人がいるのも事実です。

このように学ぶことに対する意識が二極化しているのです。

私は研修の中で「こうして研修が平等に受けられるのも今のうちで、近い将来は受けたくても受けられない日が来るかもしれませんよ」とお話をします。

せっかく与えられた教育の機会を無駄にしないこと、その意識を1人でも多くの人に持ってもらうことが私の使命でもあると考えています。

ある新入社員研修でグローバル採用枠で採用された中国人の方が、研修後に私にお話された言葉が印象的でした。

「日本では社会人になってから、このような研修を会社負担で受けることができるのですね。大変勉強になりました」。

会社負担で勉強をすることができるのはとてもありがたいことであるという思いは研修を受講するすべての方に持っていただきたいです。

新聞やニュースではＡＩやロボットにより、多くの人の仕事が奪われる時代が来るともいわれていますが、そんな社会が来ても生き残っていけるようなスキルや知識を身につけなければなりません。

会社からは研修という機会を通じて学びの場が提供されますが、決してそれだけでは十分ではありません。いかに自己投資をするかが重要だと思います。

海外では社会人でも自己投資をして必死に勉強し、日本に負けないための力をつけてようとしている人も多くいます。

私たちはこのような環境において決して負けてはいけません。そのためにもまずはビジネスに必要な基本的なことは学ばなければいけないのです。

本書で書いたマネジメントやリーダーシップ、部下育成の知識はビジネスパーソンにとっては必須です。

これらを知らないと職場リーダーとしてのスタートには立てないというくらいの気持ちになって書きました。

本書が1人でも多くのビジネスパーソンのお役に立てれば幸いです。

久保田　康司

著者略歴

久保田　康司（くぼた　やすし）

株式会社マネジメント・ラーニング 代表取締役。博士（政策科学）。
関西大学 社会学部卒業、関西学院大学大学院 商学研究科修了（MBA）。
神戸大学大学院経営学研究科修了（MBA）。同志社大学大学院総合政策科学研究科博士課程後期課程修了（博士）。大学卒業後、鐘紡株式会社入社、ファッション事業部で営業を 10 年間経験。その後、ユニバーサル・スタジオ・ジャパン®の運営会社である株式会社ユー・エス・ジェイに開業メンバーとして参画、マーケティング・営業本部において、マーケティング企画室マネージャーや近畿地区統括マネージャーを歴任。その後、三井住友銀行グループの SMBC コンサルティング株式会社に転職し、人材育成の仕事に携わる。2012 年マネジメント・ラーニングを設立し代表取締役に就任。2016 年ロジカルトランプ®を開発し、企業向けの研修やインストラクターの養成を行っている。
主な資格・加盟団体：労務学会、経営行動科学学会、人材育成学会、一般財団法人生涯学習開発財団認定プロフェッショナルコーチ、特定非営利活動法人キャリア・コンサルティング協議会認定キャリアコンサルタント、社団法人日本産業カウンセラー協会認定産業カウンセラー
主な著書：「ビジネスリーダーのためのファシリテーション入門」同文舘出版、『使う！ロジカル・シンキング「結局、何が言いたいの？」と言わせない最強の伝え方』日本実業出版社

最強のチームをつくる１０の鉄則
－チームづくりから部下育成までの職場リーダー学

2018年 2 月20日　初版発行　　2023 年 4 月 24 日　第 2刷発行

著　者　久保田　康司　©Yasushi Kubota

発行人　森　　忠順

発行所　株式会社 セルバ出版
〒 113-0034
東京都文京区湯島 1 丁目 12 番 6 号 高関ビル 5 B
☎ 03（5812）1178　FAX 03（5812）1188
https://seluba.co.jp/

発　売　株式会社 創英社／三省堂書店
〒 101-0051
東京都千代田区神田神保町 1 丁目 1 番地
☎ 03（3291）2295　FAX 03（3292）7687

印刷・製本　株式会社 丸井工文社

Printed in JAPAN
ISBN978-4-86367-395-3